国家职业资格培训教程

创新职业指导——新操作

（职业指导员/助理职业指导师）

（第2版）

人力资源和社会保障部就业促进司
中国就业培训技术指导中心 组织编写

中国劳动社会保障出版社

图书在版编目(CIP)数据

创新职业指导. 新操作/人力资源和社会保障部就业促进司，中国就业培训技术指导中心组织编写. —2版. —北京：中国劳动社会保障出版社，2016

国家职业资格培训教程

ISBN 978-7-5167-2504-7

Ⅰ.①创…　Ⅱ.①人… ②中…　Ⅲ.①职业选择-工作人员-技术培训-教材　Ⅳ.①C913.2

中国版本图书馆CIP数据核字(2016)第059929号

中国劳动社会保障出版社出版发行

（北京市惠新东街1号　邮政编码：100029）

*

三河市华骏印务包装有限公司印刷装订　新华书店经销

787毫米×1092毫米　16开本　13.25印张　247千字

2016年4月第2版　2022年4月第5次印刷

定价：35.00元

读者服务部电话：（010）64929211/84209101/64921644

营销中心电话：（010）64962347

出版社网址：http://www.class.com.cn

职业指导人员

国家职业资格培训教程

编写委员会

主　任　吴道槐　刘　康

副主任　原淑炜　王文铎

委　员　（按姓氏笔画排列）

田光哲　安　燕　陈　蕾　娄权超

胡新红　谈宇德　黄俊梅

编辑委员会

主　审　原淑炜

主　编　田光哲　谈宇德　娄权超

副主编　刘　洋　廉串德　杨剑锋　许可林

何振江　寇　蕊

■编写人员

（按姓氏笔画排列）

丁　华　王韦懿　田　丰　田光哲　白　玲

朱长合　许可林　许庆红　刘　洋　张　元

张春林　张　展　李祥伟　何振江　吴存钦

吴志明　罗秋月　周　荣　杨剑峰　咸桂彩

赵　铭　胡新红　贾广才　高凤祥　高　岩

谈宇德　寇　蕊　蒋　奖　廉串德　廖满媛

蔡　霞

序

我国是一个劳动力资源丰富的发展中国家。当前和今后一个较长时期内，就业和再就业任务相当繁重。近几年来，在党中央、国务院高度重视和推动下，国家制定并实行了一系列积极就业政策，建立和完善就业服务体系，为劳动者就业再就业提供了良好的环境。职业指导是高质量、高水平的就业服务，是帮助劳动者成功地实现就业和再就业的重要手段，在建立市场导向的就业机制中发挥着重要作用。

一是在市场就业中，特别是在转轨过程中，直接帮助一批失业者实现就业，引导一批就业特困群体人员重新走上就业岗位。二是时时处处体现人本服务。职业指导中实行的跟踪服务、个性化指导、即时援助、专项服务等，都体现了以人为本的理念，贯穿了人本服务的精神。三是同解决劳动者职业生涯发展需求结合起来，比如帮助他们提高技能水平，寻求更广就业空间和提升就业质量等。四是将对个人的帮助与落实群体的政策结合起来。在实施职业指导与推动政策落实的结合上拓展新路，扩大扶助群体效应。

为了使职业指导发挥更大、更好作用，就要大力提高职业指导人员的素质，加强理论研究与实践，组织专业技能的训练。特别是将职业指导的典型个案总结和理论提升结合起来。认真挖掘其精髓，总结其要领，加以提炼升华，并进行理论性总结，将典型做法科学化，大力推广。更要结合每一个时期的重点工作，比如再就业援助月、春风行动等，研究如何发挥职业指导的作用，改进职业指导办法，提高职业指导的水平和效能。

《创新职业指导》丛书的出版是我国职业指导发展的又一个成果。它既借鉴了国际先进的职业指导理论，同时也坚持了我国特色，吸纳了在实践中摸索出来的典型做法和成果。职业指导服务需要不断创新，不断改进，我们希望在这个成果的基础上，职业指导再发展、再创新，更好地为劳动者提供优质满意的服务。

原人力资源和社会保障部副部长　张小建

再版说明

为了适应新形势下促进就业、加强就业服务和职业指导工作的需要，我们组织多方面的专家，对职业指导人员职业资格培训教材进行了重新修订。新修订的教材，力求做到：

一是吸收当前国内外职业指导的新理论和新知识，加以高度概括，并和当前的就业形势以及就业服务工作紧密结合；二是对这些年各地开展的职业指导工作经验和成果加以总结和提炼，使之更贴近职业指导实际，更具有针对性；三是集中收集了我国积极的就业政策和相关政策，突出了政策指导；四是将职业指导相关法律法规单独汇集成册，即《职业指导师必备法律知识》，方便集中学习运用；五是针对重点人群，将典型职业指导案例归类整理，汇集成册，即《高校毕业生职业指导案例集》，强化职业指导的操作性；六是编写形式生动活泼，图文并茂，便于阅读和记忆，更加人性化。

修改后的职业指导师系列国家职业资格培训教程共包括5本书：《创新职业指导——新理念（第2版）》《创新职业指导——新操作（第2版）》《创新职业指导——新实践（第2版）》《职业指导师必备法律知识》《高校毕业生职业指导案例集》。

编　者

目录

CONTENTS

第一篇 职业指导员

第一部分 咨询与指导 …… 3
第1章 接待登记 …… 3
1 澄清来访者意图，并进行问题类型划分 …… 3
2 能够对服务对象进行服务程序引导 …… 5
3 能够指导服务对象进行服务项目登记 …… 6
4 能够建立服务对象信息档案 …… 8
第2章 信息咨询 …… 10
1 能够对服务对象介绍机构业务范围、联系方式 …… 10
2 能够对服务对象介绍求职与招聘信息 …… 11
3 能够对服务对象提供劳动保障及其相关事务咨询 …… 13
4 能够为不同求职群体提供相应的就业流程咨询 …… 14
第二部分 信息的采集与处理 …… 23
第3章 职业供求信息采集 …… 23
1 能够与用人单位联系，获取用人信息 …… 23
2 能够寻找渠道，获取劳动力供给信息 …… 25
3 能够甄别筛选劳动力供求信息 …… 29
第4章 职业供求信息整理 …… 31
1 能够对劳动力供求信息进行登录、审校、分类整理 …… 31
2 能够对机构内部信息进行登录、审校、分类整理 …… 33

CONTENTS

第 5 章　职业供求信息发布与反馈 …… 36
1　能够向求职者或用人单位发布劳动力供求信息 …… 36
2　能够收集信息发布反馈的内容 …… 38
3　能够利用网站、短信向求职者发送用工信息 …… 40
第三部分　职业素质测评 …… 43
第 6 章　标准化测验施测 …… 43
1　能够使用职业素质测评系统 …… 43
2　能够录入、整理测评数据 …… 45
第 7 章　辅助面试和其他测评工作 …… 47
1　能够承担面试准备、记录、档案整理等辅助性工作 …… 47
2　能够承担情景性测评的辅助工作 …… 48
第四部分　职业设计 …… 52
第 8 章　职业取向分析 …… 52
1　能够判断来访者职业设计的需求 …… 52
2　能够解释职业设计的内容和作用 …… 54
第 9 章　培训项目设计 …… 57
1　能够为培训项目设计提供信息资料 …… 57
2　能够为求职者推荐培训项目 …… 59
第五部分　帮助实施 …… 62
第 10 章　组织供需交流 …… 62
1　能够安排求职者与用人单位开展面谈 …… 62
2　能够为供需双方的交流洽谈活动做准备工作 …… 64
第 11 章　实施培训 …… 67
1　能够为求职者介绍联系职业培训 …… 67
2　能够收集培训反馈信息 …… 68
第 12 章　“一站式”服务 …… 71
1　能够提供申领《就业创业证》服务 …… 71
2　能够提供《就业创业证》年审服务 …… 73
3　能够为就业困难人员及其所在企业办理各项优惠补贴服务 …… 74
4　能够为自主创业的失业人员提供小额担保贷款相关服务 …… 75

CONTENTS

第 13 章　跟踪服务 …… 80
1　能够对服务对象进行服务后的信息追踪 …… 80
2　能够对跟踪服务的结果进行整理归档 …… 81

第二篇　助理职业指导师

第六部分　咨询与指导 …… 87
第 14 章　接待登记 …… 87
1　能够接待具有一定规模、用工数量多的单位 …… 87
2　能够接待具有高级专业技术、技能的人员 …… 91
第 15 章　信息咨询 …… 94
1　能够对来访者提供就业政策信息咨询 …… 94
2　能够整理咨询记录，建立咨询文档 …… 95
第 16 章　诊断咨询 …… 98
1　能够澄清求职者的求职挫折问题，并进行解释和引导 …… 98
2　能够帮助大学生正视求职过程中所遇到的挫折，并科学指导大学生分析受挫原因，从中吸取教训 …… 100
3　能够判别用人单位招聘目标与结果的偏差，并进行解释和引导 …… 102
第 17 章　择业指导 …… 105
1　能够对个体进行择业观念指导 …… 105
2　对毕业生择业困惑能够给予行之有效的指导 …… 107
第 18 章　用人指导 …… 112
1　能够为用人单位提供日常招聘及其招聘后续服务 …… 112
2　能够帮助用人单位选择招聘方式 …… 114
3　能够指导用人单位办理招聘备案、签订劳动合同、缴纳社会保险等手续 …… 117
4　能够对用人单位岗位薪酬确立提出参考建议 …… 120
5　能够对用人单位埠外招聘提供审核服务 …… 124
6　能够对用人单位提供审核社会媒体招聘广告的服务 …… 126
第七部分　信息的采集与处理 …… 129
第 19 章　采集方案的设计与实施 …… 129
1　能够识读职业供求采集信息常规报表及采集方案 …… 129

CONTENTS

2　能够根据采集方案访问调查、实地观察，采集劳动力市场供求信息…… 134
第 20 章　信息的整理与分析 …… 141
1　能够对劳动力市场供求信息进行甄选及分类整理 …… 141
2　能够按照规定制作劳动力市场供求信息统计图表 …… 144
第八部分　职业素质测评 …… 150
第 21 章　标准化测验施测 …… 150
1　能够使用典型测验工具，进行测验的个别施测 …… 150
2　能够对测验结果进行分析 …… 152
3　能够帮助学校建立学生就业素质档案 …… 155
第 22 章　面试和其他测评工作 …… 158
1　能够对一般求职者实施面试 …… 158
2　能够整理面试结果，并形成报告 …… 159
第九部分　职业设计 …… 162
第 23 章　职业取向分析 …… 162
1　能够澄清来访者职业取向需求，并判断其合理性 …… 162
2　能够澄清来访者职业发展主要状况 …… 164
3　能够根据来访者职业取向查寻相关文献资料 …… 166
第 24 章　培训项目设计 …… 169
1　能够为培训机构短期培训课程设计提供建议 …… 169
2　能够收集培训项目设计的结果反馈信息 …… 170
第 25 章　岗位用人设计 …… 173
1　能够澄清岗位用人的需求 …… 173
2　能够收集岗位用人设计的结果反馈信息 …… 175
第十部分　帮助实施 …… 179
第 26 章　组织供需交流 …… 179
1　能够管理安排小规模招聘洽谈活动 …… 179
2　能够收集跨地区劳动力流动信息，寻求合作机会 …… 181
3　能够收集和分析供需双方交流结果信息 …… 183
第 27 章　就业援助政策引导帮助 …… 186
1　能够指导劳务派遣机构实施劳务派遣帮助 …… 186

2 能够提供定向培训政策引导帮助 …………………………………… 188
3 能够提供创业培训与项目开发、开业指导、小额贷款、税费减免、跟踪扶持等“一条龙”政策引导帮助 ……………………………… 191
4 能够提供职业技能鉴定政策引导帮助 ……………………………… 194
5 能够为非正规就业劳动组织提供申报服务…………………………… 198

Z H I Y E Z H I D A O Y U A N

第一篇

职业指导员

第一部分　咨询与指导

第1章　接待登记

1　澄清来访者意图，并进行问题类型划分

职业指导员通过对来访者的简短询问，了解其基本情况，澄清来访意图，以便尽快为来访者提供相应的服务。

[**总操作程序**]

主要分三个步骤：了解情况→澄清问题→划分类型。

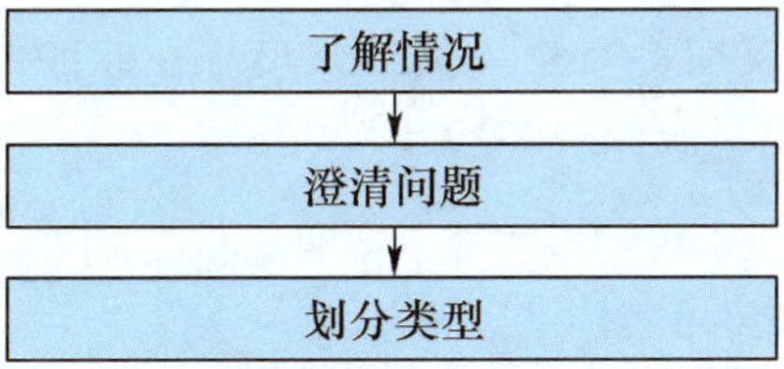

具体操作如下：

（1）了解情况。掌握来访者的背景资料是提供服务的前提，来访者的背景资料主要是指可以表明其身份的相关信息，如年龄、职业状况、家庭住址等。

（2）澄清问题。通过简单的交谈，职业指导员帮助来访者说出自身存在的问题以及期望得到的帮助。

（3）划分类型。按照职业指导机构的服务类型对来访者存在的问题进行归类，以确定可以为来访者提供帮助的相应部门。

[工作要点]

■尊重来访者

对来访者问询时使用文明用语，以平等尊重的态度对待每一位来访者。同时，处理好敏感问题。

■询问要点

对于来访者所需要解决的问题，职业指导员要把服务咨询要点讲清楚，尽量使用通俗易懂的语言，并在关键点上加以简明的解释。

[注意事项]

■职业指导员对来访者的基本情况要有所了解，避免“以貌取人”、主观猜测。

■职业指导员要熟知本机构各类服务部门的办公位置、服务的类型、服务的主要内容和对象，防止“张冠李戴”。

[相关知识]

■接待常识。

（1）能使用倾听和澄清的技术，明确来访者意图。

（2）能使用简单的询问技巧。

■询问主题

职业指导员可以从以下三个方面了解来访者的背景信息：

（1）来访者是求职者还是用人单位。

（2）来访者是否为首次接待登记对象。

（3）求职者属于哪类服务对象（失业人员、在职职工、大中专院校毕业生、“4050”人员、失地农民、低保户等）。

[小结]

通过本单元的学习，职业指导员应该能够帮助来访者澄清其咨询意图，并根据所提供的服务项目划分其问题类型，为进一步的职业指导做好准备。

2 能够对服务对象进行服务程序引导

在了解来访者咨询意图后，职业指导员应为其介绍人力资源和社会保障相关业务的服务程序，使来访者能够尽快接受相应服务。

[**总操作程序**]

主要分四个步骤：来访接待→问题询问→业务介绍→服务引导。

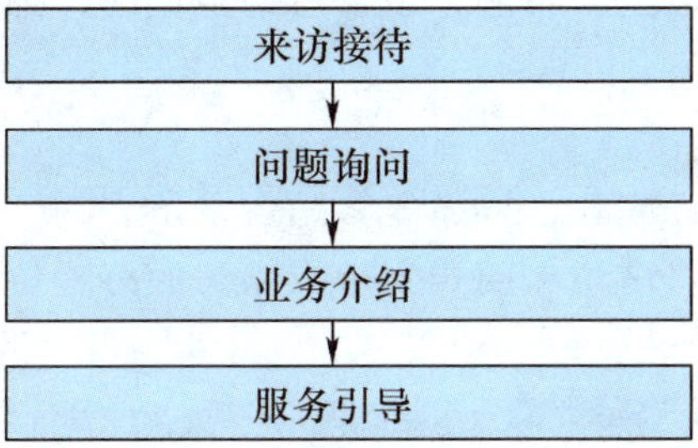

具体操作如下：

（1）来访接待。职业指导员要积极、主动、热情接待来访者，给对方以亲切和信赖感，以缓解来访者的紧张情绪。

（2）问题询问。通过简短询问，了解来访者的咨询意图，澄清其问题。

（3）业务介绍。结合来访者咨询的问题，职业指导员为其介绍相应的咨询服务项目，包括项目名称、服务对象、解决的问题、办理时间等。

（4）服务引导。根据来访者选择的服务项目，详细告知其所咨询问题的办理处所。

[**工作要点**]

■职业指导员对来访者所咨询的问题要理解清楚，不能只知大概或主观猜测。

■向来访者详细介绍相关的咨询业务，运用来访者可以理解的语言，避免使用专业词汇。

[**注意事项**]

■热情主动地关注来访者的问题，但要适度，创造一种轻松、安全的氛围。

■对年轻的、学历较高的来访者，询问和业务介绍可简洁明了；对学历较低、年龄偏大的来访者，要多作一些解释。

■职业指导员要熟知本机构各项服务的内容、服务对象、服务处所、工作时间等。

[**相关知识**]

■接待常识

(1) 熟知文明用语。

(2) 能做好微笑服务。

(3) 能用语言和手势进行服务引导。

■设立资料架，放置宣传单和业务功能介绍小卡片，以便来访者自己阅读。

■制作醒目标识和位置分布图，设置自助查询区，为来访者提供自助服务。

[**小结**]

通过本单元的学习，职业指导员能够结合来访者的问题，利用言语表述和外界标识、自助服务等，将来访者引导到相应服务的办理位置。

3 能够指导服务对象进行服务项目登记

服务项目登记可以帮助职业指导员详细了解服务对象的基本情况，以便更好地为其提供相应的服务。

[**总操作程序**]

主要分四个步骤：检验证件→填写表格→查检表格→微机录入。

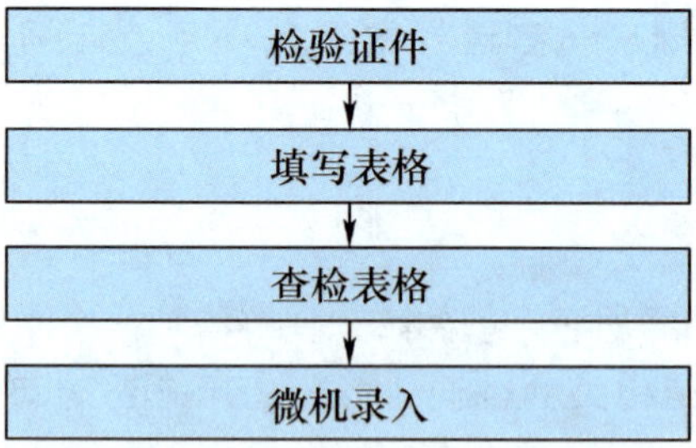

具体操作如下：

(1) 检验证件。对于求职人员，职业指导员要检验其身份证、毕业证、职称证、职业资格证、技术等级证等相关证件；对于用人单位，职业指导员要检验其营业执照副本、介绍信、经办人身份证、招聘广告等。

(2) 填写表格。向求职人员发放《求职登记表》，向用人单位发放《用人单位招聘情况登记表》，并告知其填写方法。

（3）检查表格。这是很重要的一个环节，应从三方面入手：第一，查看字迹是否清晰；第二，查看主要信息指标是否正确填写；第三，查看表格中是否有遗漏项。如果发现错误或遗漏，要及时纠正、补充。

（4）录入计算机。对服务对象所填写的表格如实录入计算机。

[**工作要点**]

■受理用人单位登记时，要点是检验其营业执照副本和介绍信。

■受理求职者登记时，要注意其身份证的有效性，要对人力资源和社会保障部要求的须持职业资格证上岗的职业有一般性了解。

■熟练掌握所发放表格的主要内容。《求职登记表》中姓名、身份证号码、联系电话、求职意愿、薪酬要求为主要填写指标；《用人单位招聘情况登记表》中用人单位名称、单位地址、单位电话号码、联系人、招聘工种、给予待遇、面试方式为主要填写指标。

■对于网络应聘登记的求职者，要求其向应聘单位如实提供个人证件、证书等资料；对于网络招聘的用人单位，在初始招聘时，要求其向人力资源服务机构如实提供相关证照资料。

■了解《劳动法》和《劳动合同法》的基本内容。

[**注意事项**]

■检验用人单位的相关证件时，要注意：

（1）其营业执照副本是否为原件。

（2）介绍信是否加盖公章或人事部门的印章，合同专用章和其他印章为无效印章。

■检查用人单位填写的招聘工种时，要注意其所招聘的人员是否与《劳动法》相违背，特别是工作时间、休息休假、工资等方面。

■指导求职人员填写表格时，要注意使用沟通技巧，不可“操之过急”。

[**相关知识**]

■表格填写及网络登记的要求

（1）表格填写要求真实、有序。

（2）网络登记要求及时、有效。

[**小结**]

通过本单元的学习，职业指导员应该掌握规范填写表格的原则、填写要求和相关证件的查验项目，并能为服务对象填写表格进行简单的指导。

4　能够建立服务对象信息档案

建立服务对象信息档案，主要是对服务对象进行分类管理，以便进一步为其提供更深层次的服务。

[**总操作程序**]

主要分五个步骤：资料整理→合格性审查→分类编号→资料汇总→打印存档。

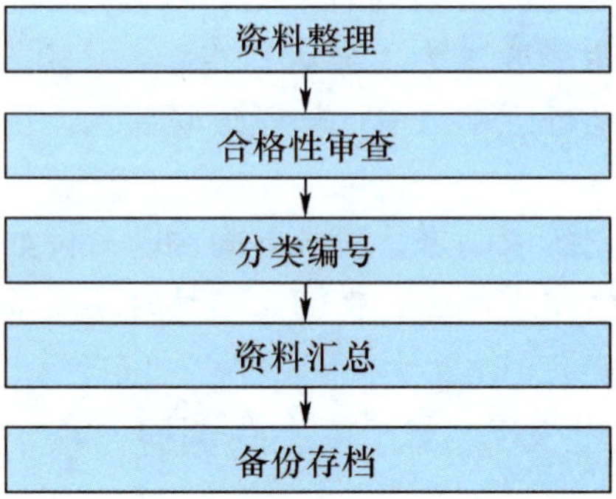

具体操作如下：

（1）资料整理。收集已存入计算机的服务对象的信息资料。实质上，这个环节也就是信息资料集中的过程，是进行信息处理的基础。

（2）合格性审查。对收集的所有信息资料进行合格性审查，审查重点是服务对象的材料是否符合原设计要求，表格的填写与录入是否有遗漏或不清楚之处。该环节是对相关信息资料进行补充完善的过程。

（3）分类编号。对求职人员的信息资料进行分类管理，即按工种分类；对用人单位信息进行逻辑结构的序号管理。

（4）资料汇总。这个环节是一个比较重要的环节，通过计算机网络对信息资料进行汇总，并记录在案。

（5）备份存档。将汇总的资料进行备份处理，避免资料流失。

[**工作要点**]

■审查信息资料时，需要事先确定审查标准，所有资料都要严格遵照统一的格式要求。

■将信息资料按一定的逻辑规律进行分类。分类可以从习惯规律和方便使用两个角度考虑，例如，《求职登记表》可以按求职意愿分类，用人单位信息资料可以按办理时间或用工编号分类。

［注意事项］

■用人单位信息资料的完整性。这是需要特别强调的注意事项，用人单位信息的资料包括用人单位招聘情况登记表、企业营业执照副本复印件、介绍信原件、经办人身份证复印件、招聘简章原件。

［相关知识］

■工作档案建立的八字原则：完整系统简明集中。完整即所有要求附备的材料齐全、清楚；系统即档案必须按一定的逻辑规定分类；简明即尽可能用简短、明了的文字说明情况；集中即档案必须集中统一管理。

［小结］

通过本单元的学习，职业指导员应该能够对收集到的用工信息和劳动力资源信息进行汇总、分类、存档，以利于查阅和进行资源匹配。

第 2 章 信息咨询

1 能够对服务对象介绍机构业务范围、联系方式

职业指导员为服务对象介绍职业介绍服务机构的业务范围、联系方式，主要是为了让服务对象能够充分了解机构的服务功能和联系方法。

[总操作程序]

主要分三个步骤：了解需求→介绍服务功能→介绍联系方式。

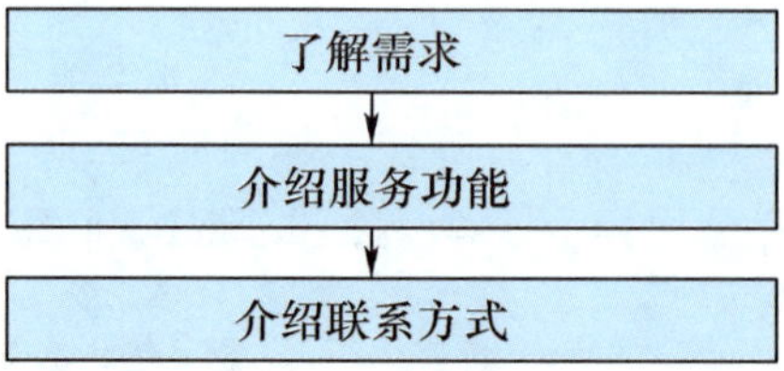

具体操作如下：

（1）了解需求。该环节要注意倾听来访者的咨询内容，明确需求点，为下一个环节打下基础。

（2）介绍服务功能。根据来访者咨询需求，职业指导员要向其介绍相应的服务项目及其功能，主要是把业务范围用简明、通俗的语言陈述出来。

（3）介绍联系方式。职业指导员根据来访者选择的服务项目，为其提供具体的联系方式，如地址、电话、传真、电子信箱、QQ 号、微信公众号等。

[工作要点]

■接待服务对象时，职业指导员要认真负责、热情相待，良好的精神状态和认真的态度能缓和服务对象的心情。

■职业指导员要全面详尽地为来访者介绍相应服务项目的功能，并使来访者理解这些功能与自身问题的联系。

[注意事项]

■职业指导员不要夸大某些项目的服务功能。

■联系方式要准确、详细。

[相关知识]

■ “一站式”服务包括求职登记、职业指导、职业介绍、培训申请、鉴定申报、档案管理、社会保险关系接续。

[小结]

通过本单元的学习，职业指导员应该能够了解人力资源和社会保障的相关业务知识、各服务机构的功能、业务范围、服务内容、服务对象和联系方式，并将这些信息介绍给相应的服务对象。

2 能够对服务对象介绍求职与招聘信息

职业指导员为用人单位介绍求职信息，为求职者提供招聘信息，可以促成用人单位与求职者个人之间的联系，是实现单位成功招聘和个人成功就业的关键。

[总操作程序]

操作程序可以分为两类，一类是为用人单位介绍求职信息；另一类是为求职者提供招聘信息。

（1）为用人单位介绍求职信息主要分四个步骤：检索求职信息→制定选择标准→选择求职信息→确定反馈时间。

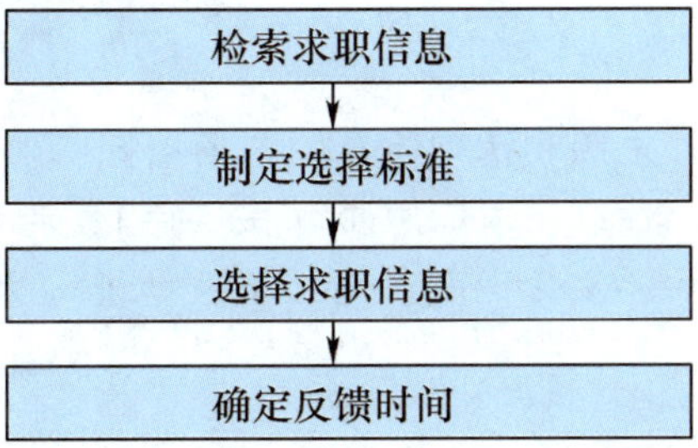

具体操作如下：

1）检索求职信息。根据用人单位的要求，职业指导员在相关的数据库或资料中检索相应的求职信息。

2）制定选择标准。结合检索到的求职信息条目的数量，职业指导员帮助用人单位制定选择求职信息的标准，如学历层次、工作年限等。

3）选择求职信息。将符合选择标准的求职者挑选出来，以备用人单位确定面试或审核之用，将相应的求职信息专项存储。

4）确定反馈时间。向用人单位说明求职信息应该反馈的时间及注意事项，并与用人单位商定具体的反馈时间。

（2）为求职者提供招聘信息主要分四个步骤：检索招聘信息→选择招聘单位→开具面试通知单→明确反馈时间。

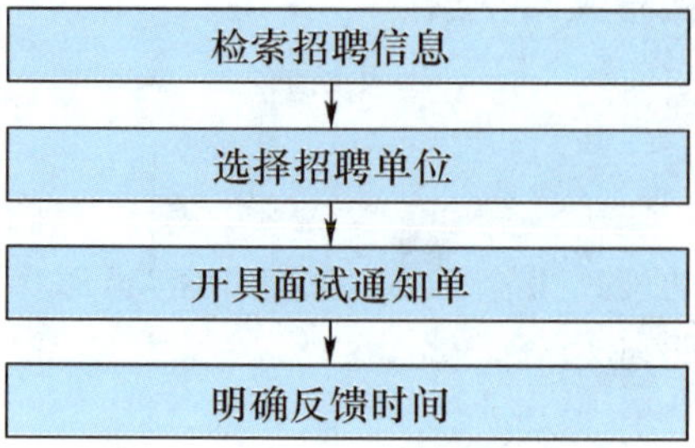

具体操作如下：

1）检索招聘信息。职业指导员为求职者查询其符合条件的招聘信息或指定单位的招聘信息。

2）选择招聘单位。求职者根据检索的招聘信息确定自己偏好的单位，在此过程中，职业指导员可以对求职者进行简单的职业指导，如帮助其明确职业价值观、端正就业观念等。

3）开具面试通知单。根据求职者确定招聘单位的面试方式，为其开具面试通知单，并配发《应聘报名表》。

4）明确反馈时间。职业指导员向求职者介绍面试结果反馈的时间段，以及相关注意事项。

[工作要点]

■职业指导员要熟知求职和招聘信息的各项指标。求职信息的主要指标包括性别、年龄、文化程度、住址、求职志愿（按次序）、月薪要求等；招聘信息的主要指标包括性别、年龄、文化程度、用人单位地址（大致方位）、月薪、面试方式等。

[注意事项]

■首先区分服务对象的性质，用人单位和求职者所需信息不同，其后续服务的程序和内容差别也很大。

■求职信息和用人单位的选择要由服务对象来决定，职业指导员不可包办代替。

[相关知识]

■能够掌握基本的信息检索知识，能够从相应的数据库中快速检索求职招聘信息。

[小结]

通过本单元的学习，职业指导员应该熟知求职信息和招聘信息的主要指标，并能够准确地为不同的服务对象提供相应的服务。

3 能够对服务对象提供劳动保障及其相关事务咨询

职业指导员为服务对象提供劳动保障相关事务的咨询，可以使服务对象更好地了解国家人力资源和社会保障政策以及相关的知识，为其成功求职和规范招聘奠定知识基础。

[总操作程序]

主要分两个步骤：澄清咨询问题→解答问题。

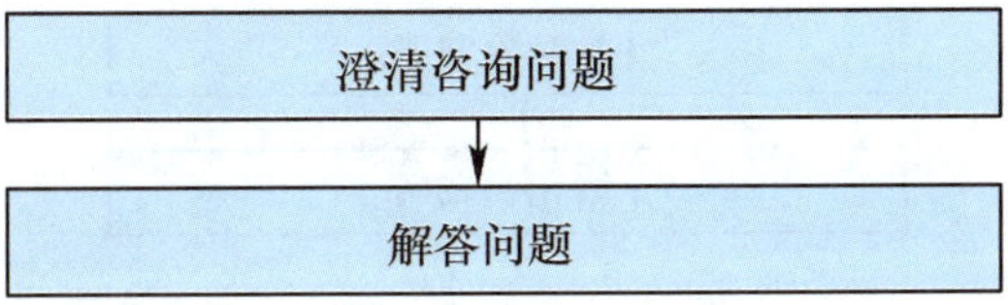

具体操作如下：

（1）澄清咨询问题。该环节要求职业指导员在最短的时间内对服务对象所咨询的问题进行分类，明确所需解答问题的类别，例如，是关于社会保险的，还是关于优惠政策的。

（2）解答问题。根据服务对象的问题，职业指导员就自己所了解的内容给予明确的解答；对于自己不明确的内容，应该引导服务对象前往相关部门进行咨询。

[工作要点]

■职业指导员要对人力资源和社会保障的基础知识及相关政策有一定了解。

■职业指导员在整个咨询过程中要特别注意对政策的把握。

[注意事项]

■在提供咨询服务的过程中，要特别注意地方政策的适用范围以及政策颁布的时间。

[相关知识]

■相关的人力资源和社会保障的政策法规，如劳动法、劳动合同法等。

[小结]

通过本单元的学习，职业指导员应该能够根据服务对象的需要，简单回答与人力资源和社会保障有关的问题。

4　能够为不同求职群体提供相应的就业流程咨询

4.1　公共职业介绍服务机构为不同服务对象提供流程咨询

职业指导员为不同服务对象提供相应的就业流程咨询，以帮助他们解决有关流程的疑问，实现成功招聘和顺利就业。

[总操作程序]

主要分两个步骤：服务对象归类→介绍相关流程。

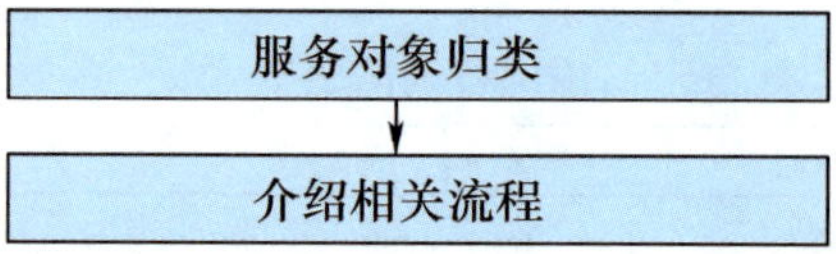

具体操作如下：

■服务对象归类。公共职业介绍服务机构的服务对象可以分为两大类，即个人求职和单位用人。同时，这两类对象有着不同的服务内容和服务程序。

■介绍相关流程。根据服务对象的性质，职业指导员介绍相关的流程信息，具体的服务程序如图 2—1 和图 2—2 所示。

[工作要点]

■把各种流程印制装订成册，置于服务台，便于服务对象随时翻阅。

■制作流程导引图，为服务对象提供自助服务。

■设置资料架，摆放服务对象需要填写的常用表格。

■设置信息自助查询区。

[注意事项]

■区别对待来访者，对目的明确的来访者，可以提供自助服务，或者进行简单指导；而对于疑问较多的来访者，则需要详细解释。

[相关知识]

■劳动就业方面的政策法规和规章制度。

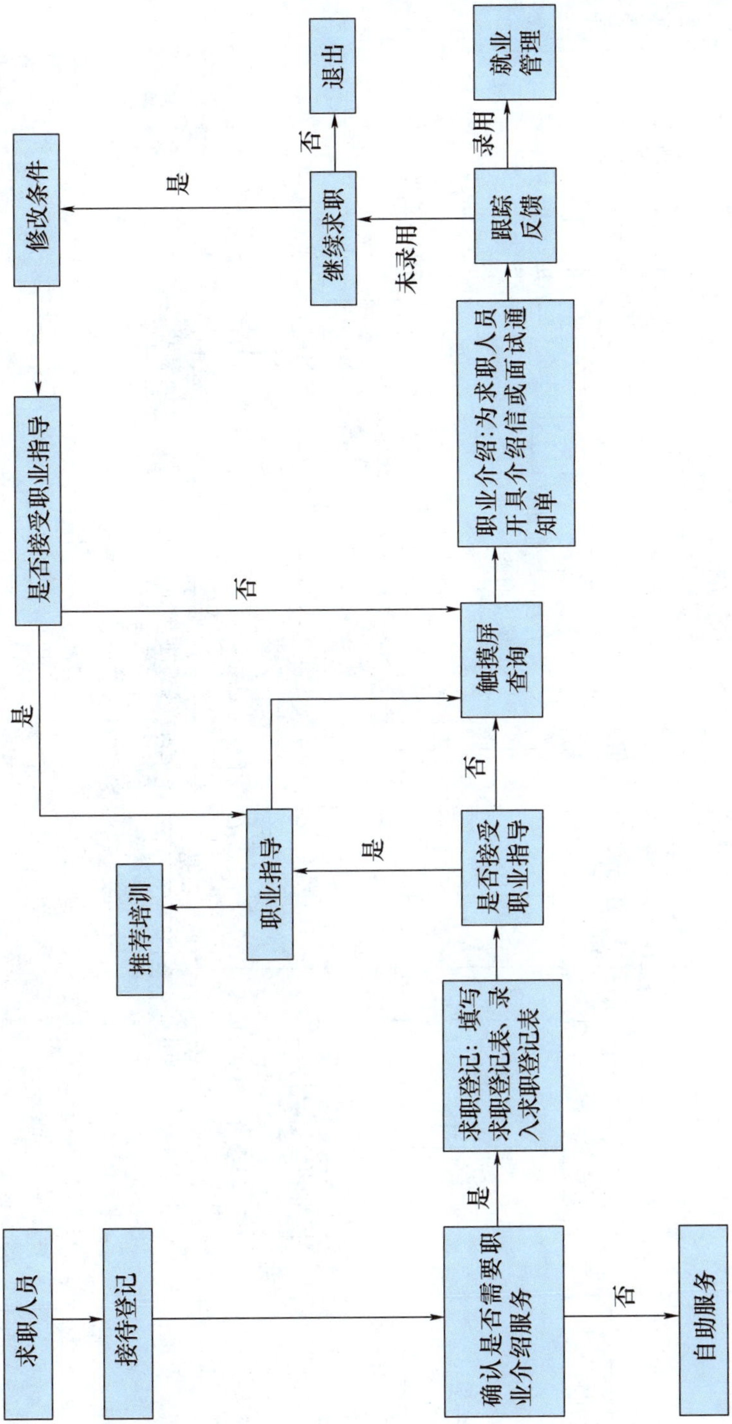

图2—1 职业介绍工作业务流程——个人求职

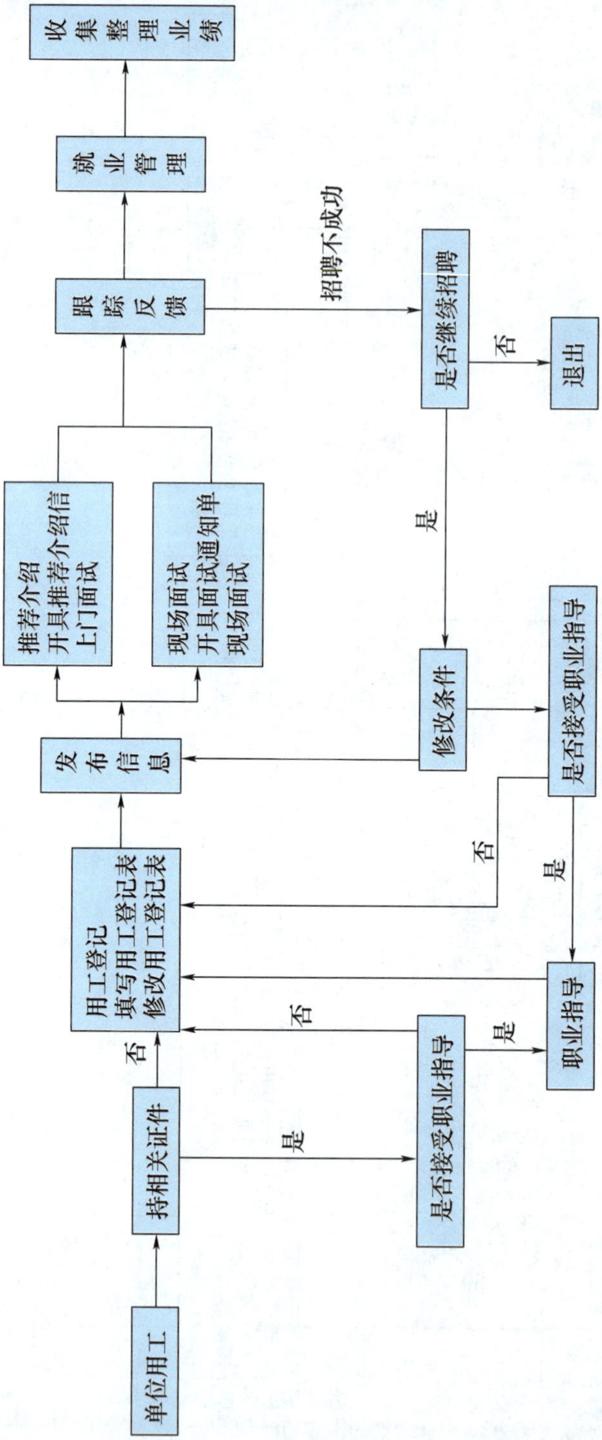

图 2—2 职业介绍工作业务流程——单位用工

■个体求职和单位招聘的流程。

[小结]

通过本单元的学习，职业指导员应该能够正确地为不同服务对象提供相应的流程咨询，指导求职者成功就业，用人单位成功招聘。

4.2 学校为毕业生提供相应的就业流程咨询

通过对毕业生的就业指导，让大学生明确毕业去向所涉及的必要环节及相关流程，为实现就业提供参考和心理准备。

[总操作程序]

主要分四个步骤：澄清毕业生问题→分析毕业生问题→介绍相关流程→提出建议。

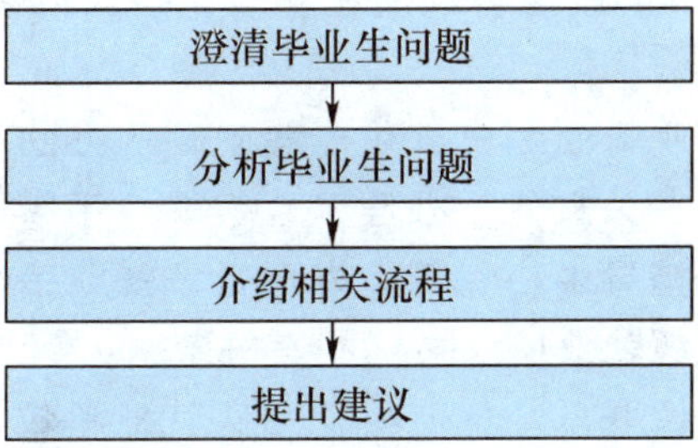

具体操作如下：

(1) 澄清毕业生问题。主要包括三点：澄清咨询目的，分清主次问题，涉及哪些方面。例如，毕业生如果仅对某一具体环节不清楚，如不知道如何办理户口或签协议等，就告诉其具体办理流程即可；又如，若毕业生有很多任务需要完成，但是分不清主次，抓不住重点，则可建议其接受具体的咨询指导。

(2) 分析毕业生问题。帮助毕业生分析面临的现实问题，如档案去留存放的问题、升学与工作的问题等。

(3) 介绍相关流程。针对毕业生所涉及的相关问题，对应分类流程给毕业生介绍相关的手续、时限等。主要有毕业生就业工作流程、填写毕业生资源信息表流程、填写毕业生就业推荐表流程、办理就业协议书流程等。

(4) 提出建议。根据毕业生的要求提出相关建议，如选择获取就业信息渠道的建议、识别就业中介服务机构的建议、网络求职安全问题的建议等。

[工作要点]

■熟悉毕业生就业过程中的各种流程。

■针对咨询过程中遇到的问题进行归类。

［注意事项］

■将就业流程做成宣传手册，以方便咨询者自取。

■告知流程中的重要环节，并对主要问题进行提议。

■毕业生资源信息表是省就业指导中心提供的表格，是每年统计就业率、核对毕业生资格的重要信息，填写时必须认真、准确。

［相关知识］

■大学生就业的基本政策及相关制度。

■一些流程和表格的应用。

能够为大学毕业生提供相应的就业流程咨询工作，主要涉及以下流程和表格。为了让大家对这些流程和表格有更清晰的认识，本书以某职业技术学院为例，介绍其为毕业生提供的就业咨询流程和表格，仅供参考，详见图 2—3 至图 2—10，以及表 2—1。

■各地办理暂缓就业毕业生户口和档案问题的办法。下面以某省为例进行介绍。按照该省教育厅有关文件，办理了暂缓就业手续的毕业生，户口由学院保管，档案由该省就业指导中心保管。办理暂缓就业手续须注意如下几点：

（1）仔细阅读《暂缓就业协议书》的有关条款。

（2）继续与用人单位联系，争取尽快落实就业单位；落实单位后随时与辅导员联系，凭《暂缓就业协议书》到学院就业指导中心办理就业手续。

（3）定期与辅导员联系，遇到问题，及时向辅导员或就业指导中心咨询，多种渠道获取就业信息。

（4）妥善保管好《就业协议书》和《暂缓就业协议书》，防止丢失。

（5）不能以自费留学为理由办理暂缓就业手续。

（6）暂缓就业期间申请自费留学的，需将档案和户口转回生源地，在生源地办理留学手续，学院不予办理任何手续。

［小结］

本单元主要讲述了完成毕业生就业流程咨询的步骤，在这个过程中，职业指导员应该能够帮助毕业生明确办理就业手续方面的问题，为其顺利就业奠定基础。

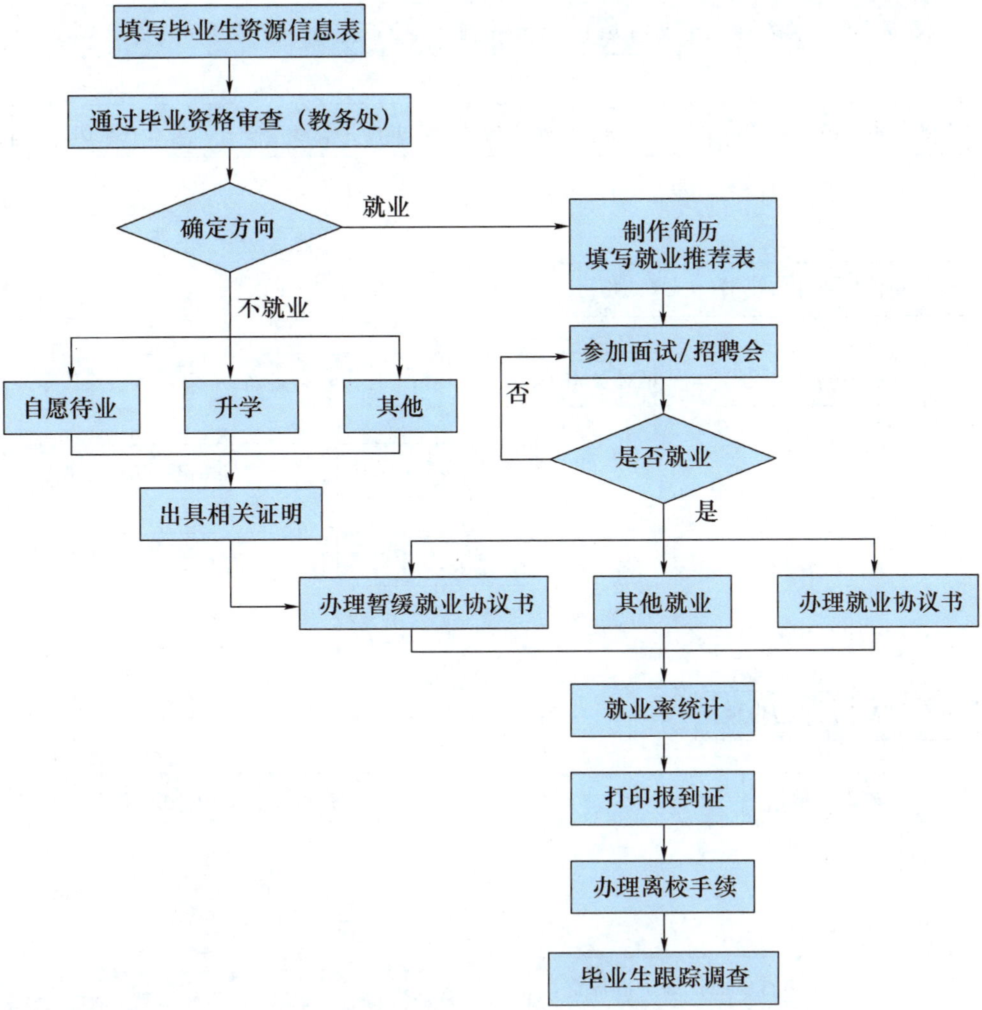

图 2—3　毕业生就业工作流程

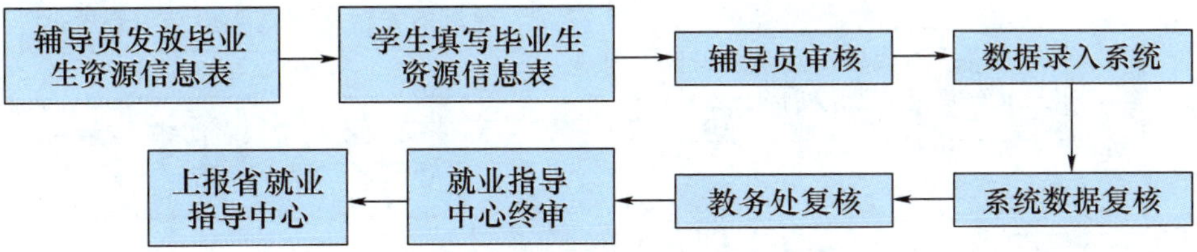

图 2—4　填写毕业生资源信息表流程

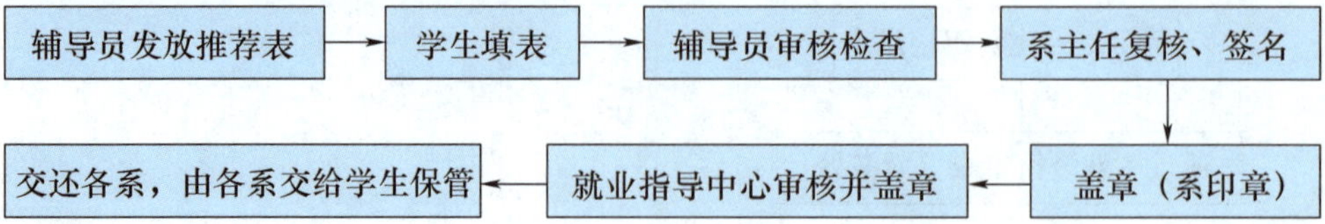

图 2—5 填写毕业生就业推荐表流程

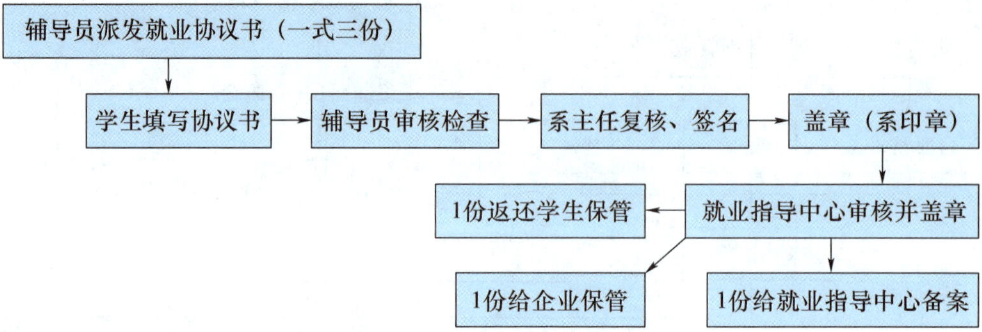

图 2—6 办理就业协议书流程

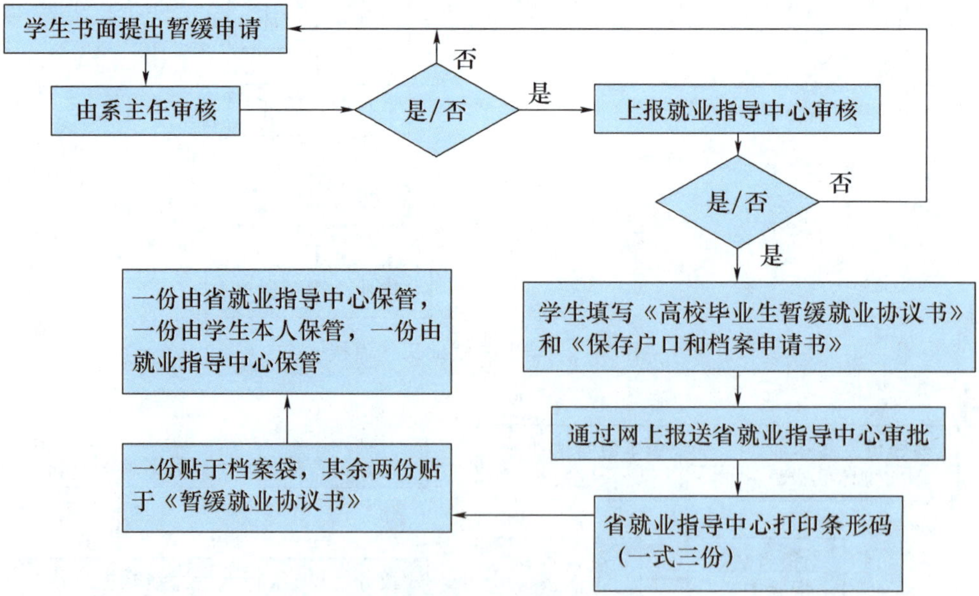

图 2—7 办理暂缓就业协议书流程

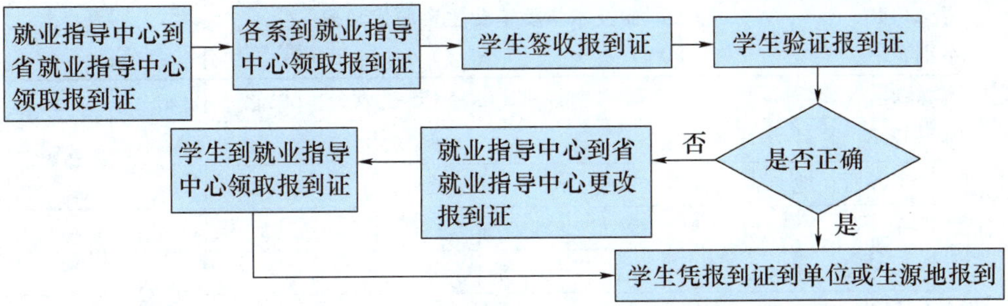

图 2—8 领取毕业生就业报到证流程

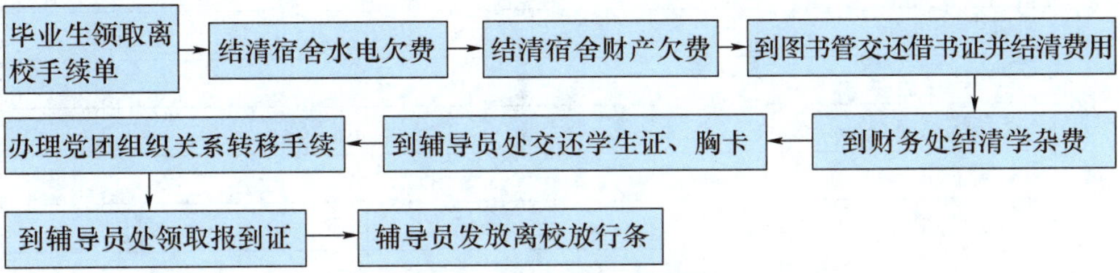

图 2—9 毕业生离校流程

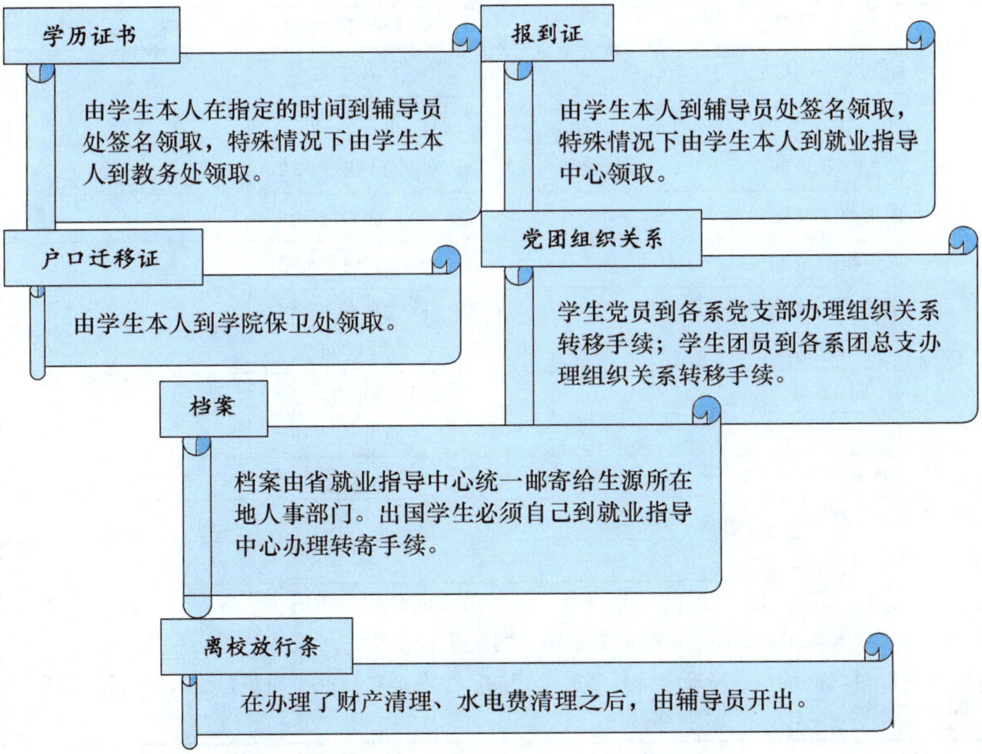

图 2—10 毕业生离校应取得哪些资料

表 2—1　　　　某职业技术学院毕业生资源信息表

系别：　　　　　专业名称：　　　　班级：　登记时间：　　年　月　日

毕业生基本信息A	姓　名		性别	□男 □女	民族	
	身份证号					
	生源所在地	省	市	县（区）	政治面貌	
	学号				准考证号	
	学制		院校名称			
	系别名称		专业名称			
	培养方式		学历			
	师范毕业生	□是	□否	优秀毕业生	□是	□否
	家庭通讯地址					
	家庭联系电话				邮政编码	
	备注					
其他个人信息C	身高	cm		体重	kg	
	视力	左：	右：	移动电话		
	在校通信地址					
	在校邮政编码		在校联系电话			
	其他联系电话		个人主页			
	个人电子邮箱		奖惩类别			
毕业生就业意向及扩展B	就业行业意向 1		就业行业意向 2			
	就业地区意向 1		就业地区意向 2			
	就业薪酬意向 1		就业薪酬意向 2			
	就业单位经济类型意向 1		就业单位经济类型意向 2			
	英语水平		普通话水平			
	其他外语名称		其他外语水平			
	计算机水平					
	其他技能					
	扩展字段 1					
注：1. 此表是用于毕业生资格审查及打印报到证必须提供的个人资料，因此学生在填写时，务必认真、真实、准确，如果填写内容有误或不实，所造成的一切后果由学生本人负责。2. 姓名必须与高考准考证姓名完全相同。生源地是指高考时户口所在地，准考证号是指高考准考证号。						

学生签名：

第二部分　信息的采集与处理

第3章　职业供求信息采集

1　能够与用人单位联系，获取用人信息

职业指导员与用人单位联系获取用人信息，主要采取“走出去、请进来”的方法，同时充分利用街道社区就业服务网络和媒体，获取各种就业信息。

［总操作程序］

主要分六个步骤：收集登记表→上门服务→空岗报告→媒体广告→洽谈会→网络收集。

具体操作如下：

（1）收集登记表。获取用人单位到市、区、街道就业服务机构招工（聘）时在《用人单位招工（聘）登记表》中填写的岗位需求信息。

（2）上门服务。组织职业信息员通过上门服务等方式收集岗位需求信息。

（3）空岗报告。职业介绍服务机构利用《企业空岗报告》或《岗位需求预测表》收集岗位需求信息。

（4）媒体广告。人工采集新闻媒体上招工（聘）广告发布的岗位需求信息。

（5）洽谈会。本地召开招聘洽谈会时通过用人单位填写《用人单位招工

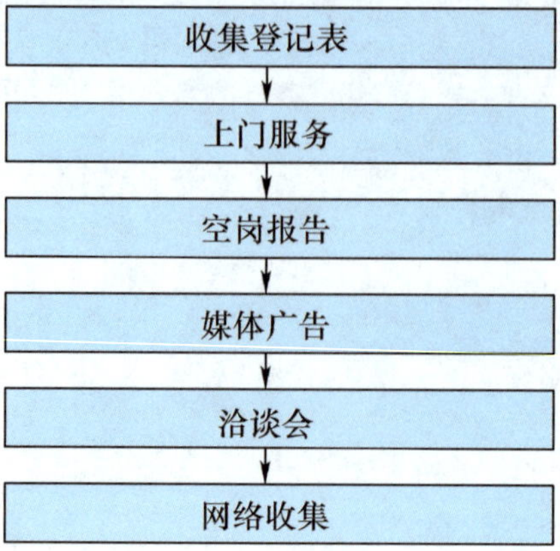

（聘）登记表》收集岗位需求信息。

（6）网络收集。登录劳动力市场网络收集用人单位直接在网上发布的岗位需求信息。

［**工作要点**］

■在获取信息时，职业指导员应提醒企业严格遵守《劳动法》《就业促进法》及相关的劳动法规；坚持平等就业、互相选择、公平竞争，反对种族歧视、性别歧视、年龄歧视、信仰歧视，尤其对弱势群体、少数民族和残疾人等应该予以保护和关心；严格控制未成年人就业，保护妇女儿童合法权益。

［**注意事项**］

■职业介绍服务机构收集用人信息后需要与企业保持互动，对职业信息进行完善整理。

［**相关知识**］

■岗位用人的标准。收集职业信息时，职业指导员可协助企业制定招聘的标准。俗话说："骏马能历险，犁田不如牛。"可从职业兴趣、职业能力、职业人格特征等方面衡量人职之间是否匹配。

■招聘策略。职业指导员需要为用人企业提供招聘策略服务，包括招聘地点策略、招聘时间策略、招聘渠道策略、招聘宣传策略等。

［**小结**］

通过本单元的学习，职业指导员应该能够利用媒体、网络等现代手段或通过上门服务等主动获取用人信息，为求职者提供充足的就业信息。

2 能够寻找渠道，获取劳动力供给信息

以单一渠道获取劳动力供给信息，已远远不能满足用人单位的需求，只有千方百计地开发获取信息的新渠道，才能更好地为单位提供个性化的信息服务。

［总操作程序］

主要分四个步骤：了解用工需求→寻找供给信息新渠道→掌握供给信息的各项指标→初步审核供给信息。

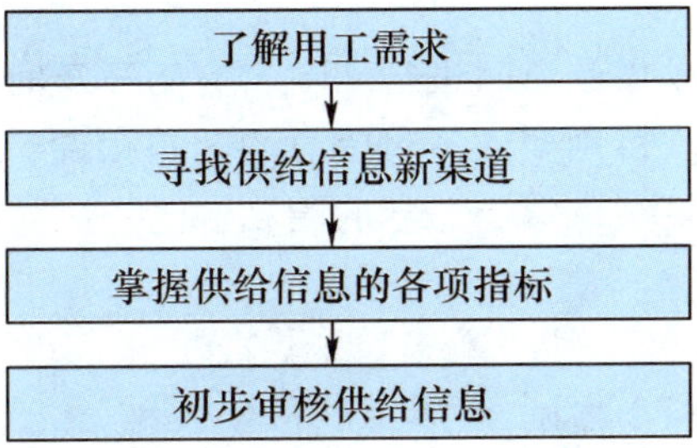

具体操作如下：

（1）了解用工需求。用工需求包括一般用工需求和特殊（应急）用工需求两个方面。可以通过间接渠道或直接上门收集等方式获悉用工需求。

（2）寻找供给信息新渠道。结合本地区用工需求，职业指导员应该能够不断寻找新渠道，不断获取相应的劳动力供给信息。

（3）掌握供给信息的各项指标。劳动力供给信息指标主要包括三方面内容：一是个人信息，如个人背景资料和求职信息；二是单位信息，如单位基本概况和招聘信息；三是整个劳动力市场供需情况的信息，如供需排行榜、求人倍率、行业需求情况、产业需求情况等。

（4）初步审核供给信息。为保证信息质量，职业指导员应对信息进行初审，审核内容主要包括以下三点：一是劳动力供给信息是否包括最基本的信息项目，以便据此进行职业匹配；二是劳动力供给信息是否真实、有效；三是获取的信息能否满足本地区用人单位的需求。

［工作要点］

■职业指导员能够找到渠道，掌握用人单位对劳动力资源的一般需求和特殊（应急）需求。

■职业指导员能够针对用人单位对劳动力资源的不同需求，找到一些有效渠

道获取劳动力供给信息以满足用人单位的个性化需求。

[**注意事项**]

在选择信息获取渠道时，必须考虑以下“七要素”：

■目标总体的特征。主要指要获得劳动力的类别、地区分布、行业分布、产业分布等，从宏观层面对劳动力资源做到“心中有数”。

■可获得的资源。包括经费预算、人员、设备和时间。

■有效洽谈的技术。如时间安排、倾听技巧、投入方法、语言表达等，这有助于同信息采集对象建立良好关系，是采集信息的关键。

■信息的登记内容。即采集信息的信息项和指标体系，要确保所填信息满足业务工作的需要。

■信息的初审。在收集信息时进行初审，有助于及时发现和纠正错误。

■信息质量的控制。特别要注意对信息的动态跟踪，及时更新。

■文档的保管。尊重被采集信息者的隐私，防止采集信息的流失。

[**相关知识**]

■采集处理信息的四个原则：

（1）准确性。这是对信息采集工作最基本、最重要的要求。所谓准确，就是指所采集的信息应真实地反映客观实际。

（2）合法性。信息采集过程中程序要合法。

（3）及时性。任何信息都有明显的时效性，如果信息不能在需要它的时候取得，那么它的准确性就毫无意义。

（4）适用性。采集来的信息应该是有用的、适合需要的。为此，必须首先认真研究需要哪些供求信息，确定目标，信息采集的适用性越强，工作的效率就越高。

■劳动力供求信息的指标系统：

（1）对求职者个人的信息表述，包括求职者的自然条件和求职条件。求职者的自然条件包括求职者的姓名、性别、年龄、文化程度、技能水平、学历学位、工作状况、身体状况、特长等。求职者的求职条件包括求职愿望，对薪酬、福利待遇和劳动力保护条件的要求，对供职地域的要求等。表 3—1 所示为某地区求职登记表，仅供参考。

（2）对用人单位的信息表述，包括用人单位的自然状况和用人条件。用人单位的自然状况指用人单位的名称、所在地区、所属行业、经济类型、经营状况、联系方式等。用人条件主要包括：对应聘人员的要求，如地区要求、专业要

表 3—1 **求职登记表**

编号： 身份证号： 填表时间： 年 月 日

姓名		性别	□男 □女	身高	m	出生年月	照片
文化程度	□硕士以上 □本科 □大专 □中专 □其他＿＿＿＿						
婚姻状况	□已婚 □未婚 □离异 □丧偶	职称级别	□高级 □中级 □初级 □无	职称类别	[ ]（填数字，内容见说明）		
毕业学校类别	□普通院校 □成人院校 □党校 □自学考试 □其他						
毕业学校				专业			
毕业时间		工作时间		外语语种	水平	第一外语：＿＿＿＿	
户口性质	□非农 □农村 □其他			□英 □日	□精通	水 平：＿＿＿＿	
户口或籍贯	□海陵 □高港 □靖江 □姜堰 □泰兴 □兴化 □外地 [ ]			□德 □俄 □法	□熟练 □一般	第二外语：＿＿＿＿ 水 平：＿＿＿＿	
政治面貌	□党员 □团员 □其他			计算机水平			
通信地址					邮 编		
联系电话		联系人			手机		
求职意向	单位类别：□机关 □事业 □国企 □三资 □股份 □私营 □乡镇 □无要求 地区要求：□市区 □全市范围 住房要求：□需要 □暂时不需要 □不需要 月薪要求：□＿＿元 □面议 求职类别：□专职 □兼职 □均可				其他要求：		
胜任专业							
特长类别	□计算机 □英语 □日语 □书法 □美术 □写作 □其他：						
本人类别	□毕业生 □待业 □在职 □辞职 □自动离职 □除名 □退休 □其他						

中专以上学习培训情况	起始时间	结束时间	学校、专业（进修内容）	毕（肆）/结业、学位

续表

<table>
<tr><td rowspan="6">工作简历</td><td>起始时间</td><td>结束时间</td><td>单位</td><td>职务</td><td>岗位描述</td></tr>
<tr><td></td><td></td><td></td><td></td><td></td></tr>
<tr><td></td><td></td><td></td><td></td><td></td></tr>
<tr><td></td><td></td><td></td><td></td><td></td></tr>
<tr><td></td><td></td><td></td><td></td><td></td></tr>
<tr><td></td><td></td><td></td><td></td><td></td></tr>
<tr><td>专业特长/
成果/
论文/
发明/
奖励</td><td colspan="5">摘要填写</td></tr>
<tr><td rowspan="3">继续教育</td><td colspan="5">学历教育：□大专　□本科</td></tr>
<tr><td colspan="5">技能教育：□计算机　□外语　□本专业　□其他</td></tr>
<tr><td colspan="5">□暂时不需要</td></tr>
<tr><td>说明</td><td colspan="5">（一）填表须知：有选项的项目在相应的□内划“√”，外语语种和水平项目填写相应数字。
（二）请如实填写本表所有项目，交表时需提供有关证件进行审核。所有信息半年内有效，过期如仍未落实单位请与市人才中心联系重新登记。
（三）职称类别：（1）高校教师；（2）中专校教师；（3）技校教师；（4）中学教师；（5）小学教师；（6）自然科学研究；（7）社会科学研究；（8）实验技术；（9）工程技术；（10）卫生技术；（11）新闻；（12）农业技术；（13）经济；（14）会计；（15）统计；（16）翻译；（17）播音；（18）出版；（19）档案；（20）图书资料；（21）文物博物；（22）体育；（23）工艺美术；（24）海关；（25）律师、（26）公证；（27）艺术；（28）船舶；（29）民航。</td></tr>
</table>

求、年龄要求、技能和学历要求、工作经历要求等；用人单位的承诺，如工资、福利待遇、假期等；其他条件，如招聘时间等。

（3）对劳动力市场整体供求信息的宏观表述，包括劳动力市场供求总体情况、产业劳动力需求情况、行业劳动力需求情况、用人单位需求情况、职业供求情况、求职者构成情况、招聘应聘条件情况等。

■劳动力供给信息的获取渠道。职业指导员获取劳动力供给信息的渠道包括：求职者的失业登记和求职登记，招聘洽谈会，与各类大中专院校、普通职业高中、技校以及社会力量办学单位和培训机构建立广泛联系，媒体（广播、报纸、电视、刊物等）发布的信息，与劳务协作单位或公安部门等建立长期联系，建立劳动力供给信息采集员队伍，利用省、市、县（区）、街道（乡镇）、社区

(村)职业介绍服务机构的纵向联网，与本地区非人社部门职业介绍服务机构的横向联网，劳动力市场网站的求职登记或互联网搜集，手机信息平台和12333等声讯台的求职登记等。

研读《劳动力市场供求分析报告》也是目前获取劳动力供给宏观信息的有效途径。

随着社会的发展，在信息采集的手段上，职业指导员应该充分借助现代科技手段，提高信息采集质量，更好地活跃劳动力市场。

[**小结**]

通过本单元的学习，职业指导员应该能够根据本地区的用工需求，主动寻找获取劳动力供给信息的渠道，为用人单位提供更好的信息服务。

3　能够甄别筛选劳动力供求信息

只有确保劳动力市场供求信息的真实、准确，才能确保服务对象的满意，因此，筛选好劳动力市场供求信息是把握就业服务质量的第一道关口。

职业供求信息的真实性取决于劳动力市场工作的标准、规范以及用工管理的规范程度。要根据工作规程对所应用的信息进行核查，一旦发现疑问，就要根据事实进行排查，剔除虚假成分。

[**总操作程序**]

主要分三个步骤：逻辑筛选→证件甄别→源头把关。

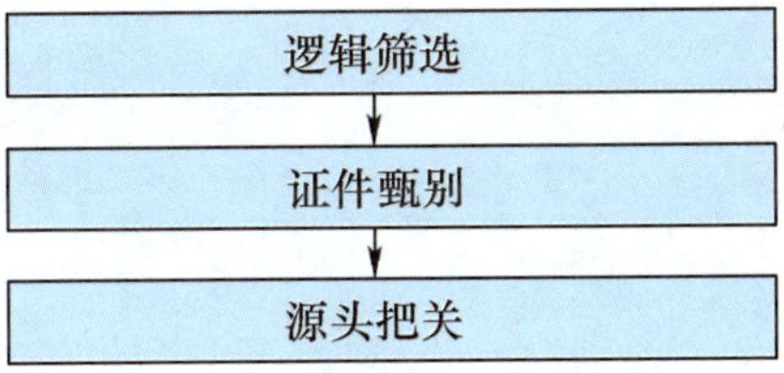

具体操作如下：

(1) 逻辑筛选。例如，企业参加专场招聘应届大学生的洽谈会，数量写了50名，在工作经验方面却要求至少有5年实际工作经验，这条招聘信息显然是不能用的，因为这条信息中根本没有招应届毕业生的实际内容，应视为失效信息。

(2) 证件甄别。经过电话询问，或其他方式核查，无手续和无证件应视为失效信息。

(3) 源头把关。职业指导员可以从获取源头和采集方式对信息进行筛选。

一般来说，从企业直接采集的职业信息可靠度高，而从网上或其他媒体采集的二手信息多具有时效性，过时则作废。

［工作要点］

■准确甄选职业信息。一靠高度的责任心，二靠就业服务的专业化。
■要有足够的检验知识和技术，掌握职业信息的整理原则。

［注意事项］

■对于部分失效信息可以通过深入沟通，变失效内容为有效内容，使其成为劳动力市场的有用信息。

［相关知识］

■辨认虚假信息的基本方法：

首先通过核查用人单位招聘登记时所提供的证件，初步判断用人信息的真实性，然后可以通过电话回访进一步核实单位用人信息的真实性。对一些特殊的单位用人信息要进行定期或不定期的跟踪反馈调查，以确定信息的真实性。

■对于所应用的劳动力市场宏观信息，一要核实出处，二要核实是用什么方法获得的。只有出处可靠、获取方法正确的信息才可视为真实信息。

［小结］

信息的质量直接关系到职业介绍服务机构的信誉，因此，职业指导员应该掌握鉴别招聘求职信息的方法，为劳动力市场提供准确、有效、丰富的职业供求信息。

第 4 章　职业供求信息整理

1　能够对劳动力供求信息进行登录、审校、分类整理

劳动力供求信息的采集、登录、审校是职业介绍活动的前导工序，信息的分类整理才是职业介绍工作的重头戏，通过对供求信息的合理分类、科学整理，最终达到匹配成功。信息分类整理工作直接影响职业介绍工作效率，影响劳动力市场资源配置功效的发挥。

［**总操作程序**］

主要分六个步骤：了解登录内容→了解登录主体→了解登录方式→了解劳动力供求信息→登录审校→分类整理。

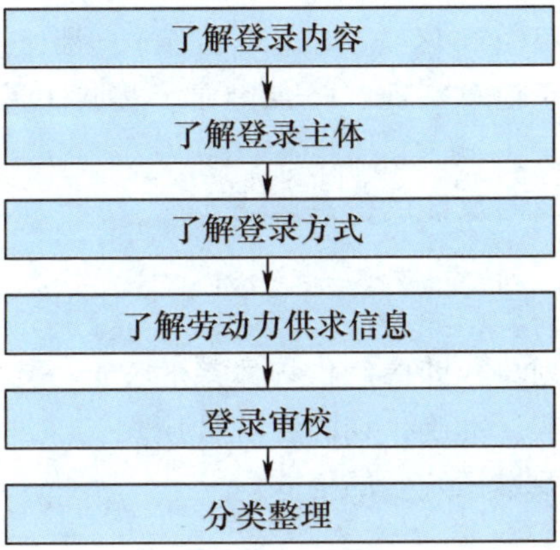

具体操作如下：

（1）了解登录内容。劳动力供求信息的登录主要有两方面：一是将招聘信息登录到《空岗、采岗登记表》；二是将求职信息登录到《求职登记表》。

（2）了解登录主体。采用纸质表单收集信息时，信息登录在信息收集完毕之后（通常是在对信息进行一些“梳理”和初步审核之后）进行，登录主体是职业介绍服务机构工作人员；若采用计算机系统收集信息，信息登录在信息收集的同时完成，如招聘单位在网上进行空岗登记或求职者在网上进行求职登记，登录的主体可以是联网机构的工作人员，也可以是用人单位或求职者。

（3）了解登录方式。可以是利用计算机登录到劳动力市场信息系统数据库，也可以是手工登录到劳动力市场资料库（如台账）中。目前，有些地区，通过

建立的市、县（市区）、街道（乡镇）、社区（村）的人力资源社会保障四级网络平台，登录信息实现了“一点登录，多点共享”。

（4）了解劳动力供求信息。劳动力供求信息的指标体系包括三方面内容：一是对个人信息的表述，如个人的背景资料和求职信息；二是对单位信息的表述，如单位的基本信息和招聘信息；三是对整个劳动力市场供需情况的表述，如供需排行榜、求人倍率、行业需求情况、产业需求情况等。

（5）登录审校。该环节的关键是审校，包括登录时审校和登录后审校。在审校时要注意应用各种检查规则来辨别缺失、无效或不一致的录入，避免记录信息的潜在错误。审校主要把握三点：有效性审校、一致性审校和分布审校。

（6）分类整理。职业指导员可以手工进行分类整理，也可以利用计算机进行分类整理。一是利用劳动力市场信息系统对信息进行分类查询，为用人单位和求职者进行匹配介绍服务；二是分类整理本地区劳动力供求信息，进行信息深加工，编制《劳动力市场供求分析报告》。

[工作要点]

■通过建立的市、县（市区）、街道（乡镇）、社区（村）的人力资源社会保障四级网络平台，登录信息实现“一点登录，多点共享”，职业指导员关键工作是做好信息系统的维护。

■要登记能够得到及时反馈的信息。

[注意事项]

■对信息事先分类划分，即信息指标体系的设计一定要有科学性。

■登录的资料要真实、准确，切勿主观杜撰。

■整理出来的资料要遵循统一的格式。

[相关知识]

■三种常用的审校方法：

（1）有效性审校。有效性审校是指检查所填各项的语法是否正确，包括是否在规定填数字的地方填上了非数字的字符、表中是否有缺项等。例如，给男性求职者设定一个年龄范围，保证其在16～60周岁范围之内；空岗登记时一定要注明最低月工资并保证不低于本地区的最低工资标准。

（2）一致性审校。一致性审校是指检查不同问题之间的关系是否正确，可以基于不同的问题或同一问题的不同部分之间的结构关系、逻辑性和合法性来进行。例如，求职者的出生年月和婚姻状况，对于22周岁以下的男性公民和20周岁以下的女性公民，婚姻状况除了“未婚”之外，不可能有别的选择，再如，单位基本情况中产业和行业的选择，选择了“农林牧渔业”就只能选择“第一产业”。

（3）分布审校。分布审校是指通过数据的分布，来辨别记录是否远远脱离分布的正常范围，即是否为离群值。分布审校有时也称为统计审校或离群值的检测。

■数据资料分类的方法：

对数据资料分类是指按照一定标志，把调查的数字资料划分为不同的组成部分。分类的目的在于了解各组事物或现象的数据特征，考察总体中各组事物或现象的构成情况等。常见的分类方式有以下四种：（1）按质量标志分类，即按事物的性质或类别分类；（2）按数据标志分类，即按事物的发展规模、水平、速度、比例等数量特征分类；（3）按空间标志分类，即按事物的地理位置、区域范围等空间特性分类；（4）按时间标志分类，即按事物的持续性和先后顺序分类。

［**小结**］

通过本单元的学习，职业指导员应该能够对劳动力供求信息进行登录、审校和分类整理，目的是将这些信息汇入劳动力市场的资料库中，为职业供求匹配、供求信息发布等职业介绍工作提供基础性保障。

2　能够对机构内部信息进行登录、审校、分类整理

一名优秀的职业指导员，不仅要能寻找渠道采集劳动力供求信息，而且还要能“眼观六路，耳听八方”，采集机构内部的各类有效信息，将职业指导工作融入政策咨询、办事向导、培训建议、创业推介、岗位开发之中，为职业指导工作赋予更深、更广的内涵。

［**总操作程序**］

主要分四个步骤：收集机构内部有效信息→了解信息的指标体系→登录审校→分类整理。

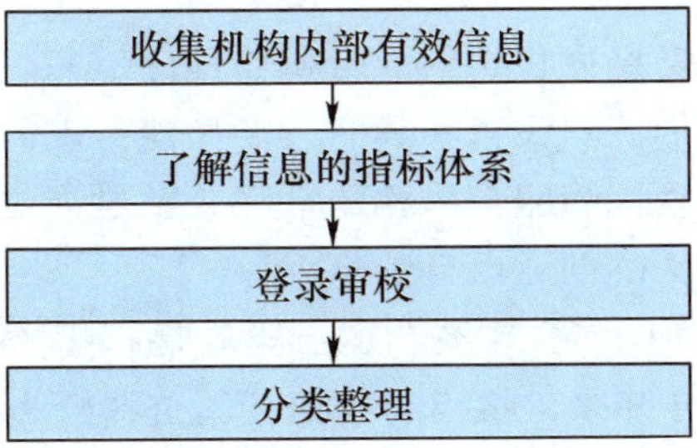

具体操作如下：

（1）收集机构内部有效信息。机构内部有效信息是指机构内部各部门拥有的与做好职业指导工作密切相关的信息。

（2）了解信息的指标体系。以再就业优惠政策信息为例，目前的再就业优惠政策主要有税费减免、社保补贴、岗位补贴、培训补贴、鉴定补贴、职业介绍补贴、小额贷款等，具体到税费减免这一项，要了解何类企业要符合何种条件才能享受什么额度的优惠政策。

（3）登录审校。可根据信息类别选择不同的登录方式，可以计算机登录，也可以手工登录。对信息进行审核要把握三点：一是有效性审校；二是一致性审校；三是分布审校。

（4）分类整理。手工分类整理和计算机分类整理都可获取政策类、业务经办程序类、培训课程设置和培训储备类、社区公益性岗位类、创业类五类信息。

［工作要点］

■职业介绍服务机构要建立获取机构内部信息的长效机制。

■职业指导员能分类保存并应用信息。

［注意事项］

■要注意信息的时效性，及时更新。

■要通过新闻媒体、触摸屏、信息栏、劳动力市场信息网、12333 服务专线等多种信息渠道向社会发布信息。

■获取信息进行分类并不难，难的是要消化这些信息，并应用于职业介绍工作。

［相关知识］

■机构内部有效信息的类型。机构内部与职业指导有关的信息主要包括以下五类：

（1）政策法规部门的政策类信息，如合同类、保险类、工资福利类、就业优惠政策类信息。

（2）机构内部各业务经办机构的业务操作程序信息。

（3）培训机构的培训课程设置和具有一定技能劳动力的储备信息。

（4）街道、社区劳动保障服务机构的社区公益性岗位信息。

（5）再就业服务机构的创业项目信息。

■文字资料分类的原则。文字资料的分类就是根据文字资料的性质、内容和特征，将相异的资料区分开来，将相同或相近的资料合为一类的过程。文字资料的分类必须掌握以下原则：

（1）互斥性原则。一项资料只能归于某一类，不能既属于这一类别，又属于另一类别，以致在不同类别中重复出现。

（2）完备性原则。每一项资料都要有归属，分类的结果必须囊括全部资料，没有遗漏。

［**小结**］

通过本单元的学习，职业指导员应该能够对机构内部信息进行采集、登录、审核、筛选、分类整理，主动掌握人力资源和社会保障部门内部机构的各种有效信息，并通过对这些信息的深加工，以此作为更积极的职业指导和职业介绍服务的依托。

第 5 章　职业供求信息发布与反馈

1　能够向求职者或用人单位发布劳动力供求信息

职业指导员要顺应市场需要，做好职业供求信息的发布工作。

［总操作程序］

主要分四个步骤：整理供求信息→选择发布形式→确定发布内容→发布信息。

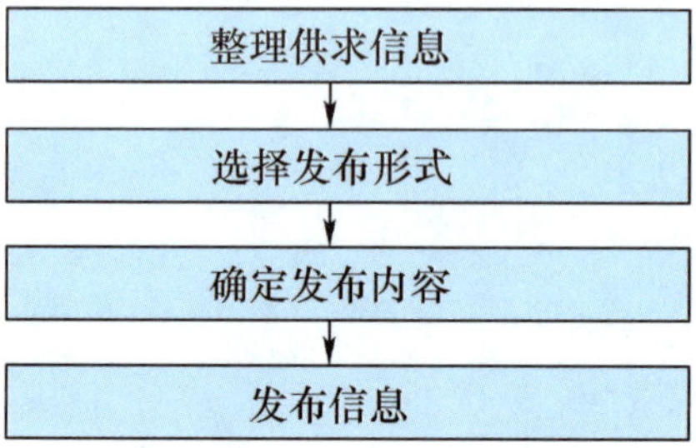

具体操作如下：

（1）整理供求信息。首先对采集到的供求信息，做初步的审核、分类、筛选整理工作。在这个环节中，要把握三点：一是要精挑细选，筛选出适应市场需要的有效供求信息，剔除无效信息；二是要有针对性，选择重要的信息项发布，不能“胡子眉毛一把抓”；三是要将信息进行有效分类，以便按类发布信息，方便用人单位和求职者查询，以提高职介效率。

（2）选择发布形式。职业指导员要根据择业人员和用人单位的实际情况，选择不同信息发布形式。值得一提的是，《劳动力市场供求分析报告》和城市供求分析新闻发布会作为一个地区宏观职业供求信息发布渠道已逐步显示出生机和活力。

（3）确定发布内容。根据不同的发布形式确定待发布信息的周期、时间和信息项等内容。

（4）发布信息。当前，职业指导员应该学会利用工具发布信息。

［工作要点］

■信息发布内容一定要请高一级职业指导人员审核并请主管人员过目。发布过程中，如发生意外，应速与上一级职业指导人员或主管人员联络。

■职业指导员要保证所发布的信息内容翔实、准确、有效。

■若选择媒体发布，要选择信誉好、效果好、受众多、收费合理的媒体确保信息发布质量。

[注意事项]

■信息发布要有针对性，选择市场最需要的供求信息发布。

■信息发布要征得单位和求职者的同意，尊重他们的隐私权。

■信息发布的内容要科学分类、简单明了，方便用人单位和求职者查询。

[相关知识]

■职业信息发布形式：

(1) 大众传媒，比如，互联网、电视台、报纸、电台、期刊等。

(2) 职业介绍服务机构宣传工具，比如职介服务机构的电子显示屏、电子触摸屏查询电脑、大厅张贴或悬挂、信息招聘广告栏、海报、宣传单机构内部常用发布形式等。

(3) 各种新闻发布会、座谈会、招聘会等供求活动。

(4) 劳动力市场网站、招聘网站等互联网媒体。

(5) 其他，如短信等。

■职业供求信息的类型：

(1) 宏观供求信息。包括本地区劳动力的需求和供应情况，就业与失业状况、岗位空缺情况、职业技能状况、劳动力流动状况、工作差别，以及国家经济发展状况、产业结构调整、产业政策、人口状况、教育状况等有关国情、省情、市情经济发展战略方面的资料。

(2) 微观信息。包括个人的求职信息、用人信息以及求职群体信息和用人单位的数量、岗位空缺情况的汇总信息等。

■信息发布的原则：

(1) 发布的信息要合法，符合政策要求。劳动力市场供求信息发布，均应遵守《广告法》《劳动法》等中央、地方的有关劳动力市场管理信息发布的法律、法规、规章。

(2) 信息发布要公正。除法律、法规有特殊规定外，处理职业供求信息不能有任何特殊照顾行为，更不能有任何歧视行为。公正性有两条最重要的标志，一是不偏私，二是不歧视。

(3) 发布的信息要真实、可靠。发布信息的直接目的就是促进用人单位和求职者的相互选择，其最终目的是充分开发和合理配置劳动力资源，促进经济发展和社会稳定，因此，信息发布必须本着对劳动力供需双方负责的精神，供求信息须经过严格认真的审核，确保其内容的真实可靠，坚决杜绝虚假信息。

（4）发布信息要尊重隐私。信息发布要尊重供求双方的意见，要保护他们的隐私，只有让职业供求的双方按照自己的意愿发布信息，并在平等的基础上自愿选择，才能保证职业介绍的成功率。

（5）发布的信息要及时。劳动力供求信息的发布都有一定的时限。为保证信息的充分使用，一般考虑信息反馈最快的媒体，如互联网、电视和报纸。因此，职业指导员在信息发布时，必须根据其时限要求掌握发布时机、方式和次数。

［小结］

通过本单元的学习，职业指导员应该能够在上一级职业指导人员的帮助、指导下，按信息发布的有关规定和程序向求职者和用人单位发布劳动力供求信息，为供求双方提供信息服务，创造职业介绍成功的必要条件。

2 能够收集信息发布反馈的内容

职业指导员收集信息发布反馈的内容，就是要了解信息发布后对供求双方的招聘和求职活动的效果，以及发布方式、发布内容的选择是否实用、科学，目的是提高岗位填补率和求职成功率。

［总操作程序］

主要分三个步骤：确定收集渠道和方法→收集反馈信息→整理反馈信息。

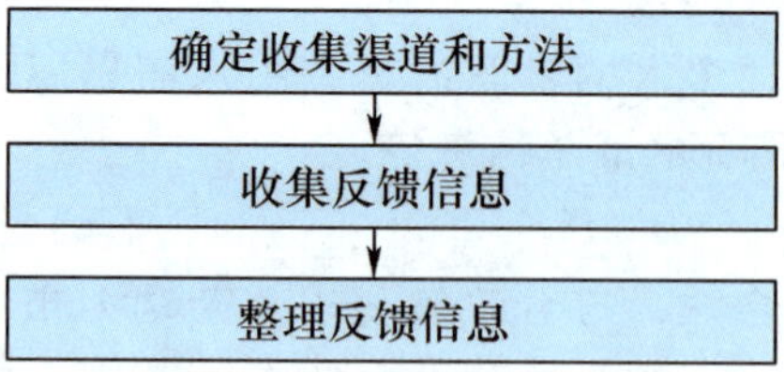

具体操作如下：

（1）确定收集渠道和方法。收集反馈信息的渠道多种多样，职业指导员要结合本机构和当地实际情况，确定有效的反馈信息收集渠道。反馈信息收集渠道主要包括《职业介绍推荐介绍信》、办理招聘事宜的用人单位和求职者、招聘洽谈会、大众传媒、新闻发布会、座谈会、网站调查及网友反馈、电话调查及12333、短信反馈等。收集信息反馈的方法有电话收集法、网上收集法、问卷收集法等。

（2）收集反馈信息。收集反馈信息可从三个方面着手：一是用人单位和求职者的求职招聘基本情况及意向结果；二是各渠道发布信息的实际效果；三是用人单位和求职者的意见和建议。

（3）整理反馈信息。在这个环节中，关键要把握两点：一是将记录职业匹配结果；二是记录对信息发布的渠道、方式、内容的反馈意见，分类整理，提出自己的建议，递交有关领导。

[工作要点]

■在这项工作过程中，最重要的工作环节就是确定反馈信息的收集渠道，上面所述的渠道和方法是职业指导员普遍使用的。

■收集反馈信息时，职业指导员详细记录用人单位和求职者的意见和建议，全面收集反馈信息。

[注意事项]

■收集信息发布反馈的结果要遵守真实、准确、完整、有效的原则。

■要对收集的信息进行初步加工，并向有关领导提出合理化建议。

[相关知识]

■信息发布反馈的收集方法。由于信息发布的途径不同，种类各异，收集信息发布反馈的方法也呈现多元化。目前主要有以下几种：

（1）上门服务法：是指职业指导员深入信息发布的一线（如劳动力市场的交流大厅）或深入用人单位或求职者家中，建立信任关系，并通过一系列的上门服务收集信息发布反馈的结果。

（2）电话收集法：电话收集分为两部分，一是来电收集，二是去电收集。所谓来电收集，是指单位和求职者通过电话方式向公共职业介绍服务机构咨询有关事宜时，他们会带来很多信息，职业指导员要善于从电话来访的咨询中发现目前信息发布情况。去电收集则要求职业指导员主动通过电话联系方式向单位和求职者询问信息发布的情况，如询问招聘单位的招聘录用情况，询问领取《职业介绍推荐介绍信》的求职者应聘情况。主动打电话询问，态度要客气委婉，要使对方感受到职业指导员强烈的服务意识和专业的服务态度，愿意提供信息。

（3）问卷收集法：问卷收集法是通过向单位和求职者发放问卷的方式进行的书面调查，也是较为常用的一种信息采集方法。与直接的口头或电话收集法比较，它的实施过程具有许多不同的特点。如何提高问卷的回收率以及对回答或无效回答的处理，是问卷调查中要特别注意的两个问题。

（4）网上收集法：主要是指在本地的劳动力市场网站开辟专栏，将单位和求职者反馈的信息记录下来，再加以整理。但是，操作过程中很容易有虚假信息的混入，采集人员一定要加以分析，认真筛选。

（5）被动收集法：主要是指在单位和求职者到劳动力市场办理有关业务时，如用人单位办理空岗登记、办理录用登记备案，求职者办理求职登记、参加招聘洽谈会或返还职业介绍结果单等，职业指导员获得反馈信息。

[小结]

通过本单元的学习，职业指导员应该掌握收集发布信息反馈内容的过程，选择各种途径收集信息发布反馈的内容，以提高职业信息的发布效果，增加职业介绍服务的成功率。

3　能够利用网站、短信向求职者发送用工信息

利用网站、短信向求职者发送用工信息，目的就是要拓宽信息发送的渠道，利用现代化信息技术手段，为求职者提供快捷、便利、个性化的信息服务。

[总操作程序]

主要分四个步骤：了解网站的信息获取类型→了解短信订制情况→了解订制发送信息的内容→检索发送信息。

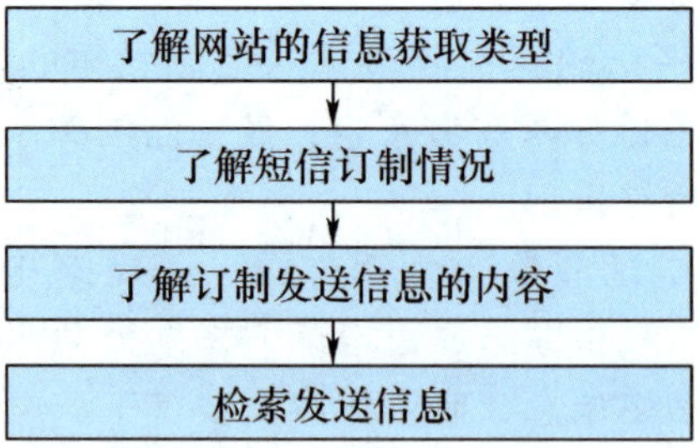

具体操作如下：

（1）了解网站的信息获取类型。职业指导员要了解各职业介绍网站的信息获取形式，因为网站的开放程度不同，求职者获得信息的方式就会有很大差异。一般网站都会根据会员的信誉等级设定信息项的开放程度。无论网站的开放程度如何，网站平台提供商的业务数据库必须和劳动力市场信息系统业务数据库联通。

（2）了解短信订制情况。手机订制方式有四种：一是通过短信订制。求职

者根据职业介绍服务机构预先设定的订制格式（如招聘岗位类型、月薪等求职要求）要求，向“特服号”输入订制信息。二是到公共就业服务机构或短信平台支持商前台窗口登记订制。三是开通短信订制热线，进行电话订制。四是在网站注册订制短信。无论使用哪一种订制方式，短信平台提供商的短信业务数据库必须和劳动力市场信息系统业务数据库联通。

（3）了解订制发送信息的内容。一般包括招聘单位的基本情况、招聘要求、相关待遇等。

（4）检索发送信息。根据求职者的具体要求，职业指导员为其检索并发送相应的用工信息。这里有两种情况：一是如果订制者有明确的订制要求，则无须输入订制者的基本情况，只需要输入订制要求（如“社会服务业”），网站和短信就只发送“社会服务业”类的招聘信息给订制者；二是如果需要检索与订制者相匹配的信息，则职业指导员需要先将订制者的基本信息输入系统中，再利用业务信息系统，查询与求职者背景相匹配的招聘信息，筛选后，通过网站系统或短信业务系统向订制者发送。

［**工作要点**］

■职业指导员了解信息的订制情况，并选择不同的方式向订制者发送。

■在信息获取方式上，职业指导员可以为订制者主动发送，如短信、电子邮件，同时也可以让订制者通过网站主动查询。

［**注意事项**］

■招聘信息须先存于计算机信息系统之中。

■遵守职业道德，不能发送与订制要求无关的信息。

■严把发送信息的质量关，不向订制者发送无效信息。

■向订制者发布的招聘信息要征得用人单位的同意。

■信息发送周期应满足订制者的时间要求。

■网站的数据库、短信的业务系统数据库和劳动力市场信息系统业务数据库要联网并实现资源共享。

［**相关知识**］

■目前职业介绍网站的信息获取类型：

（1）完全开放型。用工信息是开放透明的（包括单位名称、地址及联系方式）。求职者直接进入劳动力市场网站，通过条件组合可查询到自己感兴趣的用工信息。

（2）半开放型。用工信息是半开放的，一般会隐去单位名称、单位地址和联系方式。求职者直接进入劳动力市场网站，通过条件组合可查询到自己感兴趣的用工信息。

（3）全封闭型。该类网站只对会员开放，求职者要订制信息，必须进入劳动力市场网站注册，输入自己的背景资料和求职要求，并带相关证件到劳动力市场，经工作人员验证确认成为会员后，凭用户名和密码方可在网站通过条件组合查询到自己感兴趣的用工信息。

［**小结**］

通过本单元的学习，职业指导员应该能够利用网站、短信向求职者发送用工信息，将劳动力市场从“有型”市场向“无型”市场延伸，是开展劳动力市场“新三化”建设的具体举措。

第三部分　职业素质测评

第 6 章　标准化测验施测

1　能够使用职业素质测评系统

用人单位和求职者的招聘应聘过程实际就是人职合理匹配的过程，职业指导员能够根据服务对象的需求，使用恰当的职业素质测评系统提供服务。

［**总操作程序**］

主要分四个步骤：熟悉测评系统→讲述作答规则→求职者作答→打印结果报告。

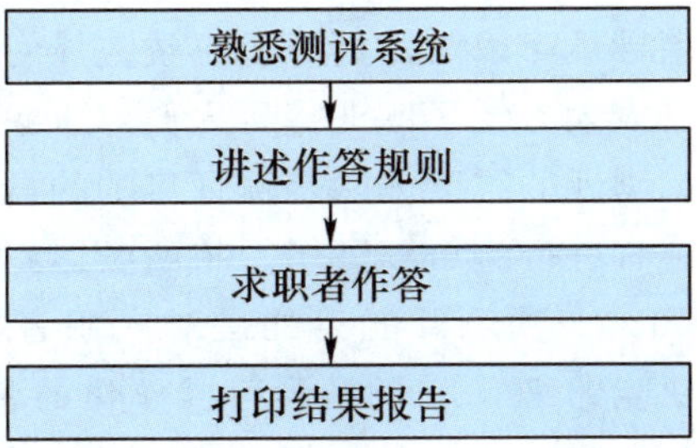

具体操作如下：

（1）熟悉测评系统。职业素质测评系统是由多个量表组成的测评程序，整个测评过程在计算机上完成，其使用说明书详细介绍了具体的操作方法，因此，使用测评系统之前，职业指导员要熟悉操作方法，必要时接受专门的软件操作培训。

（2）讲述作答规则。求职者作答之前，职业指导员要使其清楚具体的作答方法。虽然测评系统中含有作答说明部分，但是由于求职者的文化水平和理解程度存在差异，职业指导员要对他们的理解情况进行确认，以免错答，影响测评的真实性。

（3）求职者作答。在确认求职者掌握作答方法后，职业指导员要让求职者独立作答，不要给任何暗示与建议。作答过程中，求职者如有疑问，职业指导员要根据测评手册的要求进行处理，特别是不得随意解释题目的内容。

（4）打印结果报告。求职者作答完毕，职业指导员在核查无遗漏后将求职的结果打印出来，以供后续就业指导时使用。

[工作要点]

■职业指导员要熟练掌握职业素质测评系统的操作方法，严格遵循说明书中规定步骤进行测评。

■确认求职者理解作答说明是测评过程中的一项重要任务，职业指导员要让求职者说出他们对作答说明的理解，确定无误后，再开始正式作答。

[注意事项]

■要有一个安静的测评环境，减少外界因素对求职者的干扰。

■严防求职者将测评题目带出测评室。

[相关知识]

■职业素质测评系统。传统的测评工具主要是指纸笔测验、操作测验、面试和情景性测评方法等。然而，随着信息技术的发展，目前，各种职业素质测评系统应运而生，使得职业指导员可以运用计算机系统直接对求职者进行测评，由计算机给出测评结果报告，大大方便了职业指导人员对求职者的素质评定。

■测评的维度体系。测评的维度体系是测评目的的具体化和操作化。维度就是指从哪些方面对被测评者进行测量和评价，将所要达到的目标转变成一些具体可操作的测评要素。例如，一项测评的目的是对求职者的一般职业能力进行诊断，这就需要将一般职业能力细化成一系列可操作化的测评维度，如知觉速度、言语理解、空间关系等。

■测评的标准体系。测评的标准体系是指被测评者应达到什么样的标准，即对于特定的目标职业而言，被测评者在每一个测评维度上应达到什么样的水平。例如，想要从事精密仪表装配的人员，在视觉空间能力、手眼协调能力、手指灵活性等方面都应满足一定的标准。

测评的标准一般分为常模参照和标准参照。常模参照是相对的标准，即被测评者在特定群体中的位置；标准参照是绝对的标准，即某项工作所要求的水平。

■测评结果的呈现方式。根据实际的测评目的和需要，决定以何种方式呈现测评的结果。呈现的结果应有利于对结果的应用。例如，结果的呈现是以文字的形式还是以图表的形式，从哪些方面来报告测评的结果等。

［小结］

通过本单元的学习，职业指导员应该能够使用职业素质测评系统，帮助求职者实施测评，使用计算机打印测评报告。

2　能够录入、整理测评数据

在职业素质测评的工作中，最基础的就是标准化的素质测评。从测验到素质测评结果分析，其中很重要的一步就是录入与整理测评数据。

［总操作程序］

主要分四个步骤：数据分类→调整录入方式→数据录入→抽样核对。

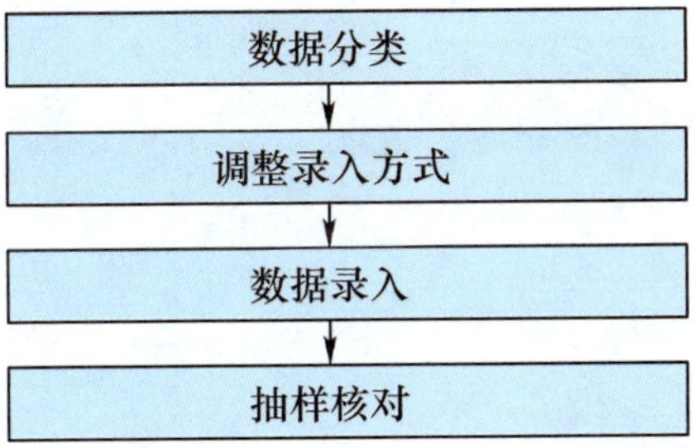

具体操作如下：

（1）数据分类。在职业素质测评中存在许多不同的测验，其原理、计分方式都有所不同。录入数据前，首先要了解测评系统所包含的测验种类，其次是不同测验的数据结果列出方式，再次是了解本次测验的数据列出方式与统计要求，最后了解计算机数据录入的使用方法。在以上基础上，按照测验手册的要求，对于所要录入的数据进行分类。

（2）调整录入方式。由于数据类型不同（有些数据是使用机读卡填写的数据，有些是手工填写的数据），数据的录入方式不同，因此，数据分类之后，就要相应调整其录入方式。

（3）数据录入。按照测验手册要求的格式，职业指导员将数据详尽录入计算机。

（4）抽样核对。为了保证数据录入的准确性，录入之后，职业指导员要对录入的数据进行抽样核对，加以检验。

［工作要点］

- 不同测验的结果排列方式不同，录入时一定要根据测验手册加以确认。
- 职业指导员录入测验数据时，要考虑录入方式的正确性。

［注意事项］

- 在数据录入的过程中，要注意对数据类型的把握，要详细阅读测验手册。
- 机读卡的排列顺序会有不同，录入时要加以区分。

［相关知识］

■测评数据的分类原则。一般的职业素质测验包括职业能力倾向测验、人格测验、职业兴趣测验等。职业能力倾向测验通常采用的是四选一的单选题型，人格特征系列测验采用四点的李克特式量表，而职业兴趣测验采用的则是二选一的备选题型。这一点在数据录入的时候要加以区分。

［小结］

通过本单元的学习，职业指导员应该了解测评数据的分类，能够录入和整理测评的数据。

第 7 章　辅助面试和其他测评工作

1　能够承担面试准备、记录、档案整理等辅助性工作

面试是用人单位招聘新员工的重要手段，面试工作开展的好坏直接影响招聘工作的质量，因此，职业指导员协助用人单位做好面试的准备、记录、档案整理等辅助性工作是其为用人单位提供的招聘服务的重要内容。

［**总操作程序**］

主要分三个步骤：面试准备→记录面试过程→整理面试档案。

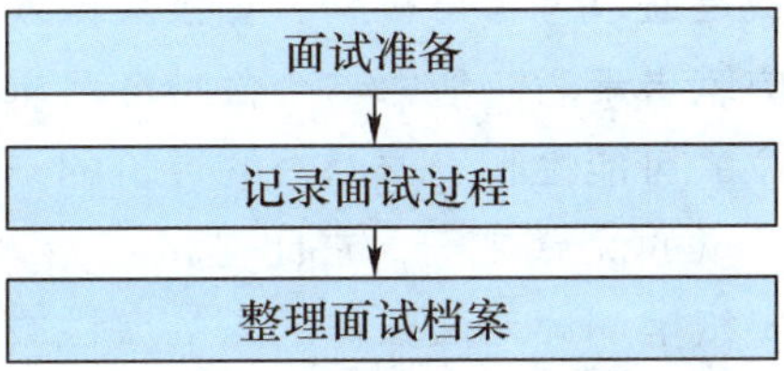

具体操作如下：

（1）面试准备。主要包括：①根据具体的招聘岗位，为面试官准备相应的《面试考核维度及标准分析表》与《面试题目》；②整理应聘者的简历资料，在每份简历资料前面附上一份填好应聘者背景信息的《个人评估表》；③与应聘者预约，告知应聘者参加面试的时间安排、所需资料和注意事项；④根据参加面试人员的数量选择和布置场地。

（2）记录面试过程。可以采取速记或录音、录像的方式记录双方谈话过程，并记录应聘者在仪表、举止、身体语言等方面的突出特点。在面试结束后，职业指导员要对面试记录进行整理，作为面试官对应聘者进行评估的参考。

（3）整理面试档案。面试档案应包括应聘者的简历资料、面试时间、主考人员、面试记录、评估资料、录用建议等。职业指导员应将面试档案收集齐全后装订整齐，附上封面，封面上注明应聘者的面试日期、面试结果和联系方式等，以便以后查找和联系。最后，根据应聘岗位的级别与类型进行分类和编号，统一存放归档。

［**工作要点**］

■面试前资料的准备要齐全，如果应聘者的简历资料有欠缺，应预先要求应聘者在面试前予以补充。面试资料最好能在面试前几天提供给面试官，以便相关

人员做好准备。

■记录面试过程，要把握应聘者的表现要点和突出特点。

■面试档案的整理要规范，要建立准确、适用的目录清单，以便今后查阅调用。

［注意事项］

■在预约环节，对应聘者提出的适当问题，职业指导员可进行简短的回答，对不宜回答的问题要向应聘者说明，态度不要急躁。

■对用人单位面试常用的表格最好多印几份，以妨意外情况的发生。

■拟好应聘人员面试的先后顺序，注意时间间隔。

［相关知识］

■面试的概念。面试是通过考官与应聘者直接交谈或设置应聘者于某种特定情境中进行观察，了解应聘者素质、能力与个性特征及求职应聘动机等情况，从而完成对应聘者适应职位的可能性和发展潜力的评价的一种测评技术。

■面试的优缺点。面试的优点在于，它比笔试或看人事传记资料更为直观、灵活、深入，可以考察出纸笔测评无法获得的人的属性或层面；缺点是，主观性大，考官容易产生偏见，难于防范和识别应聘者的社会赞许倾向和表演行为。

■面试的一般特点：

（1）科学性。通过面试，对一个人的外部行为与非语言行为的观察与分析，可以了解一个人的内在心理素质状况，并能用过去的行为预测未来的行为。

（2）双向沟通性。面试是考官和应聘者之间的一种双向交流、彼此传达或引发彼此的态度、情感、希望的过程，包括言语或非言语两种水平的信息交流过程；面试不仅是对应聘者的一种考察，也是主客体之间一种沟通、交流和能力的衡量。

［小结］

通过本单元的学习，职业指导员应该掌握面试的准备、记录、档案整理的操作要点，理解面试的相关知识，以及制作面试档案的主要内容等。

2 能够承担情景性测评的辅助工作

情景性测评往往需要模拟真实情景，这就需要在测试前配备好必需的工具资料，在测评过程中给予测评人员必要的配合，测评结束后进行相应的资料整理。

［总操作程序］

情景性测评的辅助工作主要包括：前期准备→接待被测评者→过程配合与记录→资料整理。

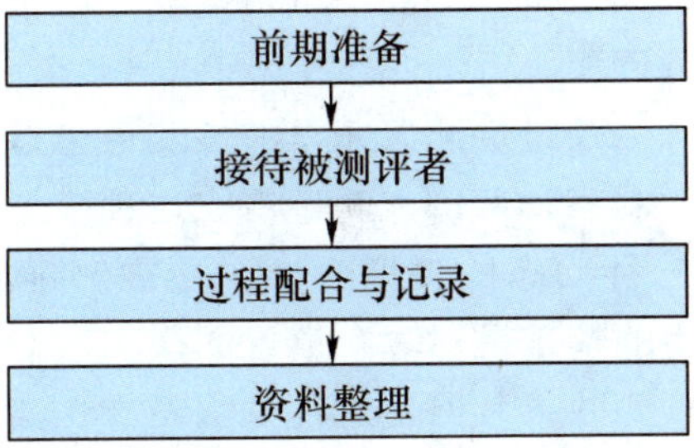

具体操作如下：

（1）前期准备。在情景性测评的方案确定下来后，职业指导员需要进行一些前期的准备工作，比如情景模拟的道具、情景性测评的场地、录音、录像设备，以及供被测评者使用的材料、评分表、记录纸等。

（2）接待被测评者。在开始测评时，职业指导员的主要任务就是接待和安排参加情景性测评的被测评者，主要包括姓名登记、施测顺序编排等。

（3）过程配合与记录。在情景性测评具体实施过程中，往往需要提供相应的过程配合，如角色扮演测试中可能需要职业指导员充当辅助角色，文件筐测验中要为应聘者简短说明背景信息、完成时间要求等。针对具体的情景性测评方案，还需要进行不同的记录，如速记、录音、录像等。

（4）资料整理。测评之后，职业指导员需要协助整理测评的记录资料，包括纸笔记录、录音、录像等，并将资料归类存档。

［工作要点］

■测评前，职业指导员必须清晰地了解测评方案的操作细节，备齐测评所需的材料。情景性测评的程序非常复杂，因此，在进行测评之前必须对测评的程序十分熟悉，并且要严格按照规定的标准化程序实施测评。

■测评过程中，职业指导员要客观全面地记录被测评者的表现。由于情景性测评的信息量比较大，当场很难毫不遗漏地将被测评者的表现记录下来，一般需要进行录像，事后进行细致的分析。

［注意事项］

■要与评估人员进行充分沟通，以免疏忽和遗漏个别环节。

■情景性测评方法对测评环境的要求较高，而且，不同的测评情景对环境的要求又有所不同，因此，应按照特定的情景性测评方法的要求布置测评环境。

［相关知识］

为做好情景测评的辅助工作，职业指导员需要了解情景性测评的概念、内容以及影响情景测评的环境因素。

■情景性测评的概念。情景性测评通常将被测评者置于一个模拟的工作情景中，采用多种评价技术，观察和评价被测评者在这种模拟工作情景中的心理和行为。情景性测评方法是一种动态的测评方法，在被测评者的活动中对其进行测评。情景性测评中所使用的情景是对真实情景的模拟，对实际工作有很大的可迁移性，因此，有较好的预测效果。但是这种方法设计和实施的难度较大，对测评者的要求比较高，成本也较高。

常用的情景性测评方法主要有无领导小组讨论、公文处理练习、模拟面谈和案例分析。其中，目前用得最多和重点要求掌握的是无领导小组讨论和公文处理练习。

■无领导小组讨论。无领导小组讨论是指让一定数量的一组被测评者（一般5~7人）在既定的背景之下或围绕给定的问题展开讨论。一般来说，在无领导小组讨论中并没有指定由谁来充当领导。测评者一般不参与讨论过程，他们只是在讨论之前向被测评者介绍一下讨论的问题，给他们规定所要达到的目标以及时间限制等。无领导小组讨论可以考察被测评者的组织协调能力、领导能力、人际交往的意识与技巧、自信心和团队精神等。

■公文处理练习。也称文件筐测验，是对管理人员的潜在能力进行测定的有效方法。在这种测评方法中，被测评者将扮演某一领导者的角色，他将面对一堆信件或文稿，包括通知、报告、客户的来信、下级反映情况的信件、电话记录、关于人事或财务等的一些信息以及办公室的备忘录等，要求被测评者在规定的时间内采取措施或做出决定。这种测评方法可以较好地反映被测评者在管理方面的组织、计划、协调能力，分析综合、判断、决策的能力，处理问题的条理性程度，以及对外界环境的敏感程度。

■情景性测评对测评环境的要求。情景性测评方法对测评环境的要求比一般的纸笔测验和面试都要严格。像公文处理练习这种由被测评者独立完成的测评方法一般没有什么特殊的要求，而像无领导小组讨论这种测评方法则除了要求环境是安静、整洁和舒适的，还会有一些特殊的要求。

在无领导小组讨论中，环境中的人际距离应适合从事所要完成的工作任务。如果桌子过大，被测评者围绕在桌子四周，就显得人际距离过远，不易于交流。如果人际距离过近，也容易给人以不舒服的感觉。另外，测评者与被测评者之间的关系也是应该考虑的一个重要的因素。如果被测评者明显感觉到自己处在一种被观察、被评价的位置，测评者的存在就给被测评者会造成过大的压力，那么，这种环境设置就应做出适当的改变。

目前，最理想的测评环境是使用带有单向玻璃和摄像镜头的专业观察室，让被测评者在观察室内活动，测评者通过单向玻璃或监视器进行观察。

■情景性测评的前期辅助工作。在情景性测评的方案确定后，职业指导员需要进行一些前期的辅助工作，主要包括：

（1）应聘者在测试过程中所需资料工具的准备。职业指导员需要了解情景性测评方案的具体环节，根据需要为应聘者备齐资料和工具，如文件筐测验是要模拟一个公司所发生的实际业务、管理环境，因而需要向应聘者提供背景信息、测验材料（文件材料及问题）等。

（2）考官所需资料的准备。考官主要通过对应聘者在模拟情景中的具体表现进行观察，来形成对应聘者的评估意见，因此，职业指导员要辅助职业指导师为每位考官准备情景性测评方案的背景说明、《考核维度及标准分析表》及《个人评估表》。

（3）通知应聘人员做好相应准备。针对部分情景性测评方案，需要应聘者本人在测评前做好相应准备，如角色扮演测试可能在衣着服装方面对应聘者有特殊的要求，这就需要职业指导员在测评前与应聘者进行沟通。

（4）根据测评的具体需要安排和布置场地。

[**小结**]

通过本单元的学习，职业指导员应该能够明确如何做好情景性测评的辅助工作，有效地配合测评人员做好相关的准备和测评工作。

第四部分　职业设计

第 8 章　职业取向分析

1　能够判断来访者职业设计的需求

帮助来访者进行职业取向分析，首先就是要能够准确判断来访者的职业设计需求，这就需要职业指导员通过与来访者的交谈做出简单判断，并按照问题类别进行归类。

[**总操作程序**]

主要分四个步骤：登记来访者信息→倾听职业设计要求→判断来访者咨询需求→整理归类。

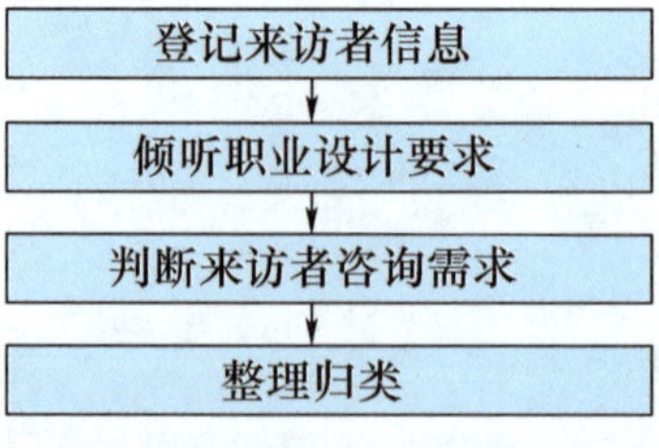

具体操作如下：

(1) 登记来访者信息。该工作主要便于存档记录，主要工作内容包括：向来访者提供准备好的信息登记表；指导来访者填写该表的基本信息。

(2) 倾听来访者职业设计要求。主要工作内容包括：热情招待来访者；倾听来访者的目的，并认真做好记录；对来访者的疑问作简单回答。倾听是职业指导员的主要工作，倾听过程中要始终注意礼貌和尊重来访者。

(3) 判断来访者咨询需求。该环节的主要工作是根据对来访者的了解简单判断其存在的问题，根据已有案例或者经验简单判断来访者的咨询需求，为下一步工作做好准备。在此过程中，职业指导员需要仔细听取来访者的问题描述，对于不清楚的地方需要用和蔼的口吻进行询问。

(4) 整理归类。在前面工作的基础上按照已有职业问题类型进行简单归类，帮助来访者联系能够解决相关问题的更高级别的职业指导人员。

[**工作要点**]

■注意倾听来访者的来访初衷。每位来访者一定都心存迷惑，或者对自己的状况看不清，或者对未来的发展感到困惑等，很多来访者甚至还不知道自己的迷惑到底在哪里。所以，职业指导员必须能够从与来访者的交流中了解其问题所在，以便为其指定合适的高级职业指导人员。

■要对不同职业问题有较为清楚的认识，了解每种问题的典型特征所在，以此对来访者进行简单分类。

[**注意事项**]

■对待来访者的态度要和蔼、亲切。面对陌生的职业指导人员，来访者的心情常常是忐忑不安的，职业指导员作为最先接触到来访者的人要对其保持和蔼可亲的态度，使其逐渐放松，才好开展职业生涯设计工作。

■语言要通俗易懂。与来访者交流除了在态度上和蔼以外，在言语上也要注意尽量使其放松，同时又要保证能够很好地获取信息。此外，语言要通俗，尽量少使用非常专业的术语，以免与来访者产生距离感。

[**相关知识**]

为了更准确地了解来访者职业设计的需求，职业指导员需要掌握的相关知识包括职业问题的类型特征以及影响来访者职业设计需求的基本要素。

■职业问题类型与特征。来访者通常遇到的问题主要有政策咨询型、职业发展型、工作状况型、求职技巧型四种类型。这四种类型的基本特征如下：

(1) 政策咨询型。来访者对目前国家或所在地区的人才政策认识不清，对某些规定不了解，需要专业指导人员告诉其相关的国家政策和规定。例如，有些人对所在地的户口政策不清楚，这类问题就属于政策咨询型。

（2）职业发展型。来访者对自己的未来不明确，不知道自己未来的职业发展目标，不清楚职业发展路径，希望在指导人员的帮助下确立职业发展目标，制定发展策略。

（3）工作状况型。来访者在自己所从事的工作中存在问题，不了解自己工作需要的职业素质，不清楚自己职位（或想谋取的职位）潜在的发展状况，不能了解自己所在行业（或期望行业）的发展前景等，需要指导人员给予帮助。

（4）求职技巧型。来访者存在求职技巧问题，包括简历的书写、面试的注意事项、英语需求等，需要指导人员进行指导。

■影响来访者职业设计需求的基本要素：

（1）个人的受教育程度。由于不同职业活动对从业人员具有不同的知识、技术与技能要求，它从客观上制约求职者要依据个人受教育程度去选择相适应的职业群体。

（2）个人的职业心理素质。职业除了对从业人员具有知识、技术与技能要求外，还有心理与生理等方面要求。职业倾向性是决定个人对职业的态度和职业行为活动的动力系统，包括职业需要、择业动机、职业兴趣、职业观等。

（3）劳动力市场的职业需求。劳动力市场职业需求是一定时期内劳动力市场上用人单位可提供给求职者的各种职业岗位的总需求。劳动力市场职业需求对求职者职业选择具有客观制约性，求职者选择职业必须考虑在一定区域和地域的劳动力市场内实现就业的可能性，这种可能性客观上取决于劳动力市场的职业需求。

［小结］

通过本单元的学习，职业指导员应该能够完成简单判断来访者职业设计需求的工作，这是整个职业设计流程的起点，可以提高后续指导工作的效率。

2 能够解释职业设计的内容和作用

面对来访者关于职业设计的询问，职业指导员能够简单描述职业设计的内容和作用，树立来访者对职业生涯发展的信心。

［总操作程序］

主要分三个步骤：简述职业设计的概念和意义→简述职业设计的程序→简述职业设计的作用。

简述职业设计的概念和意义
↓
简述职业设计的程序
↓
简述职业设计的作用

具体操作如下：

（1）简述职业设计的概念和意义。职业设计是在对一个人性格、兴趣、能力和所处环境等主客观条件进行测定、分析、总结研究的基础上，设定适合其一生奋斗的具体职业目标，并制定出相应的发展步骤。职业生涯的意义在于可以让人明确一生的发展方向。

（2）简述职业设计的程序。职业设计是一个长期的连续过程，一般包括自我评估、环境评估、理想职业目标选择、职业生涯路线选择、实施、评估与反馈六个步骤。特别要向来访者强调的是职业生涯的设计不是一次就能完成的，即使是在专业指导师帮助下建立的职业规划，也要根据实际情况不断反馈和调整。

（3）简述职业设计的作用。职业设计的作用主要是让来访者明确职业发展方向，但具体到每个人的情况不同，需要职业指导员根据来访者的问题所在对职业设计的作用进行阐述，以帮助来访者树立开展职业设计的信心。

[工作要点]

■职业指导员清楚简洁地讲解职业设计的内容、作用以及可以帮助来访者解决的实际问题。

■通过讲解，引导来访者参与职业设计咨询，对自己未来的职业发展树立信心。

[注意事项]

■由于对来访者存在的深层次困惑还没有清楚的认识，所以不要盲目下结论。

■职业指导员要帮助来访者放松心情，为以后深入开展职业设计做好铺垫。

[相关知识]

■职业设计的功能和作用：

（1）职业设计是个人成才的有效工具。古人有言：“凡事预则立，不预则废。”职业生涯是人生的主体，而科学的职业设计能起到帮助一个人按照社会的发展要求，顺利地实现自身的职业理想，从而实现个人价值最大化。

（2）职业设计是保障个人事业成功的前提。现代社会瞬息万变、竞争激烈，没有明确发展目标的人往往在变化面前手足无措，不知何去何从。一个好的职业设计可以让人明确一生的发展方向，即使社会环境发生了变化，也能从容应对，也就是说，职业设计为自己谋定了一条充满成功潜力的康庄大道。

（3）职业设计是企业人力资源开发的有效方法。企业帮助每个员工精心设计职业生涯能够使其潜力得到最大程度的开发，如此既避免了人力资源的浪费和误用，也有助于留住人才。

（4）职业设计有助于大学生高效利用生活时光。尽早帮助在校大学生开展职业设计，不仅可以让他们尽快了解自己，树立职业意识，同时也让他们认识到自己现有的不足，端正学习态度、提高学习兴趣，从而让大学生活更有意义。

[**小结**]

职业指导员负责的职业取向工作是帮助来访者进行职业设计系列工作的开端，通过职业指导员的工作能够消除来访者的紧张情绪，为进一步的职业设计工作奠定基础。

第 9 章 培训项目设计

1 能够为培训项目设计提供信息资料

职业指导员帮助来访者解决二次职业转换问题时，经常涉及培训问题，同时还要为职业指导师进行培训项目设计提供相应信息。其中，职业指导员为培训项目设计提供信息，主要目的是为培训项目提供设计依据，以促进培训对象的职业生涯发展。

［**总操作程序**］

主要分五个步骤：掌握培训对象的基本情况→了解培训对象的能力现状→了解培训对象的职业期望→了解培训对象的目标工作岗位→确定培训时间、地点、人数。

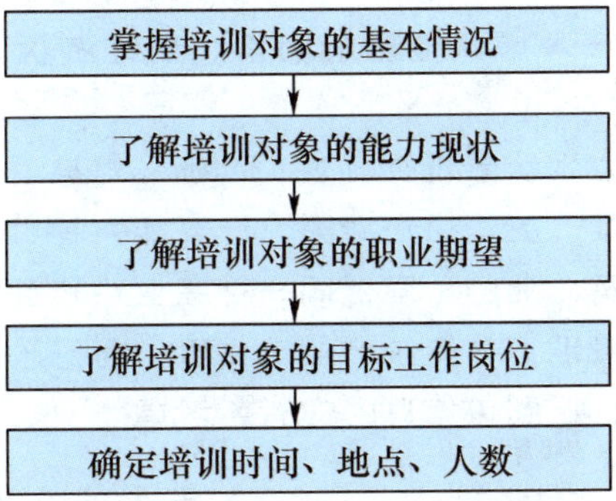

具体操作如下：

（1）掌握培训对象的基本情况。对培训对象的基本情况进行调查统计。基本情况主要包括：培训对象的受教育程度、主要工作经历、技术技能、性格特征、职业期望。

（2）了解培训对象的能力现状。对培训对象的技能或能力现状进行统计分析，主要包括：专门技术技能、人际技能、相关知识、学习能力（阅读、理解、写作能力）。其中，对专门技术技能的了解主要通过了解培训对象所持有的职业资格证书进行；对人际技能的了解可以采用询问或现场的模拟方式进行；对其他能力的了解可以通过现场测试的方式进行。

（3）了解培训对象的职业期望。了解培训对象希望从事哪些行业或哪些类别的职业，可通过查阅培训对象的调查登记表或面谈进行了解。

（4）了解培训对象的目标工作岗位。职业发展的目标岗位信息包括：工作任务、工作内容、任职资格、能力要求。本项信息内容主要来源是目标岗位的工作说明书，或目标职业的职业描述。

（5）确定培训时间、地点、人数。其中，培训时间应尽量安排在业余时间或培训对象的工作淡季，培训地点应尽量选择在多数学员能够方便到达的区域，培训人数一般以一个培训班 20~35 人为宜。

［工作要点］

■认真查阅培训对象的登记表，并进行统计。培训项目设计所需的基本信息大部分来源于登记表。如果登记表中的信息不清楚，需进行面谈了解。

■培训对象的目标工作岗位或职业发展目标岗位需求信息，特别是其中对能力的要求，是确定培训目标的重要依据，应作为重点信息进行了解，必要时可以走访用人单位。

［注意事项］

■学员的受教育程度、工作经历、学习能力是学习的基础，对培训效果存在较大影响。此外，还应该考虑其他影响因素。如经济状况、学习愿望、家庭负担等。

■对培训对象的能力现状分析要客观、准确，对某些能力可采用测试或考试的方式确定，如打字速度、英语口语能力、计算能力等。

■由于行业、地区及企业的不同，同一种职业可能会存在不同的工作方式及能力要求，如人力资源管理，在传统产业工作重点为行政性管理而在高科技产业重点是吸引和培养人才，了解该信息时应有所考虑。

［相关知识］

本单元要掌握的重点是提供培训信息，而工作说明书是培训信息的重要来源。

■培训信息的主要构成：

（1）培训对象的基本情况。包括培训对象的受教育程度、主要工作经历、技术技能、性格特征、职业期望。

（2）培训对象的能力现状。包括专业技术技能、人际技能、相关知识、学习能力（阅读、理解、写作能力）。

（3）培训对象的就业意向或职业取向。

（4）培训对象的目标工作岗位或职业发展目标岗位的主要工作内容。

（5）培训时间、地点及人数。

表 9—1 中列出了某公司车床操作工的培训信息，仅供参考。

表 9—1　　某公司车床操作工的培训信息汇总表

	信息内容					备注
1	基本情况	学历		工作经历		
		50%技校毕业 30%高职毕业 20%大专毕业		30%3 年以上 50%2~3 年 20%2 年以下		
2	能力现状	技术能力	基础知识	阅读/写作	其他能力	
		大部分水平一般，少数操作生疏	大部分欠缺	大部分一般 少数阅读困难	不涉及	
3	职业期望	希望今后能够成为高级车床技工				
4	岗位需求信息	工作任务	工作活动	任职资格	能力要求	
		定额、合格率	车床操作	技校以上学历，一年以上工作经验，具职业资格证书优先	能够熟练操作车床	
5	适宜的培训时间	业余时间				
6	适宜的培训地点	公司培训室				
7	适宜的培训人数	30~35 人				

■工作说明书。工作说明书是描述某类职位的文件，主要内容包括工作性质、任务、责任、权限、工作内容和方法，工作环境和方法以及本职位的任职资格。

［**小结**］

通过本单元的学习，职业指导员应该掌握获得、统计和汇总培训信息的方法，能为培训设计工作提供信息支持。

2　能够为求职者推荐培训项目

职业指导员为求职者推荐培训项目，目的是弥补求职者的技能差距，帮助求职者获得能够稳定就业的优势或自主创业的能力。

[总操作程序]

主要分四个步骤：收集求职者基本情况→分析个人优势与择业方向→推荐培训项目→求职者做出选择。

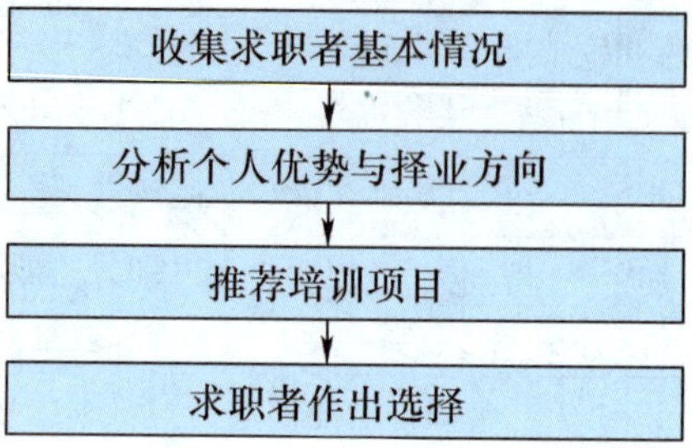

具体操作如下：

（1）收集求职者基本情况。包括受教育程度、主要工作经历、技术技能、性格特征、职业期望等。了解情况的常用途径是与求职者进行面谈，如果求职者人数较多，也可用填写登记表的方法进行。

（2）分析个人优势与择业方向。根据求职者的基本情况进行分析，个人优势可能是学历方面，也可能是工作经验方面，还可能是性格方面，例如，外向型性格的求职者可能更适合从事与人打交道的工作，如销售、服务、管理、公关类工作。

（3）推荐培训项目。根据求职者的个人优势和择业方向提供相关的培训课程详细情况供求职者选择。被推荐项目的来源：①本地区能够提供的主要培训项目；②人力资源和社会保障部门提供的各类职业资格培训；③典型的培训项目。所推荐的培训项目应能够弥补求职者的能力不足，或强化求职者的个人优势。

（4）求职者做出选择。应该尊重求职者自己的选择，职业指导员应更多关注求职者的选择依据，重要的选择依据应该是能够弥补求职者能力不足，或能够强化求职者的个人优势，或符合个人兴趣、志向，工作收入、劳动强度、社会地位等因素相对次要。

[工作要点]

■了解两个基本信息，即学员的基本情况和培训课程情况。这是推荐有效培训课程的基础。否则，培训课程的推荐就是盲目的。

■沟通与说服。职业指导员与求职者形成良好的沟通，有助于了解更详细的信息。在求职者存在择业误区的时候，职业指导员应耐心说服，说服的原则要以事实为依据，通过案例帮助来访者重新审视自己的需要和选择。

［注意事项］

■让求职者更多地了解培训课程信息，规范的做法是提供课程描述及详细的课程计划。应避免拿出一份课程目录，让求职者自行挑选的情况。

■如经过说服，求职者仍然坚持自己的选择，职业指导员应予以尊重，但要指明利害。

［相关知识］

■推荐培训项目的原则和培训资源构成：

（1）推荐培训项目的原则：①培训项目应该能够弥补求职者的现有能力与求职者的目标职业或目标工作岗位的能力要求之间的差距。②培训内容的难度应该与培训学员的现有基础相适应。③培训项目与学员所拥有的资源（经费、时间等）相适合。

（2）培训资源的构成：①培训课程。②培训师资。③培训教室及基本设施。④课程教材。⑤教学设施或多媒体条件。⑥培训资格证书。

■职业培训课程设置要素：

（1）课程说明。包括课程名称、目标、目标学员、培训时间、培训地点、限制人数、授课条件、培训教师等。

（2）课程时间安排。即各门课程的具体上课时间。

（3）详细的课程安排。具体课程的教学进度安排，实验、操作安排等。

■培训课程计划。培训课程计划是指培训者用来传递有关培训活动内容和顺序的指南，内容包括课程名称、课程目的、专题、目标听众、培训时间、培训教师的活动、学员的活动和其他必备事项。

［小结］

通过本单元的学习，职业指导员应该掌握向求职者推荐培训课程的基本方法，以帮助求职者创造就业或自主创业的条件。

第五部分 帮助实施

第 10 章 组织供需交流

1 能够安排求职者与用人单位开展面谈

求职者与用人单位面谈，是实现求职者与用人单位双向选择的重要环节，是双方通过相互沟通，了解对方基本情况，衡量把握对方条件与自身期望标准相符的程度，决定选择意愿的重要过程和方式，对实现供求双方选择成功具有重要的作用。

［总操作程序］

主要分八个步骤：接待求职者或用人单位→指导填写相关表格→审验表格→信息检索→组织面试→跟踪反馈→后续服务→数据汇总。

具体操作如下：

（1）接待求职者或用人单位。职业指导员按相关规定查验证件，并通过咨询了解其求职或招聘的需求。

（2）指导填写相关表格。职业指导员指导求职者或用人单位填写《求职者

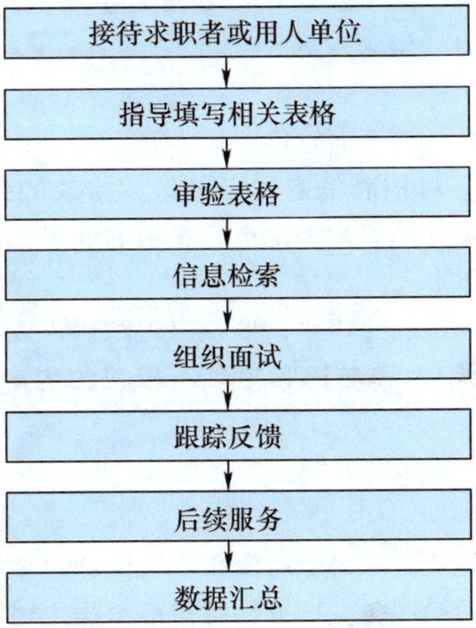

登记表》或《用人单位招聘登记表》。

（3）审验表格。职业指导员详细审阅求职者或用人单位填写的相关表格，并对不详或遗漏处加以指正，以确保表格所反映的情况是准确和真实的。

（4）信息检索。职业指导员通过信息检索，将符合条件的求职人员集中打印，并向求职者和用人单位分别介绍对方的情况，以确定面试的时间和方式。

（5）组织面试。按事先约定的时间、地点，职业指导员分别通知求职者和用人单位到约定地点进行面试洽谈。

（6）跟踪反馈。求职者和用人单位面洽后，职业指导员要及时主动与双方联系，了解面试洽谈的结果，并将面试洽谈结果登记在用工记录中。

（7）后续服务。后续服务应分情况而定，职业指导员在一定时间内，与求职者和用人单位保持联系，了解并追踪匹配服务后的效果。如供求双方匹配成功，应通过追踪服务，了解其建立劳动关系状况及供求关系稳定状况；如供求双方未能相互选择成功，则应继续为其双方提供匹配服务。

（8）数据汇总。将市场匹配数据及时汇总，交职业指导师，为职业指导师做供求分析提供依据。

［**工作要点**］

■在介绍供求双方情况时，要本着实事求是的态度，把真实准确的情况介绍给对方。

■遵守约定的面试时间、地点。在面试之前，职业指导员应通过电话与用人单位确定面试时间、地点，对求职者在接受报名手续时与其确定应聘面试时间、地点，如有变动应及时告知供求双方。

［注意事项］

■根据面试的结果，对招聘信息进行修改，修改的范围包括市场的张贴内容、局域网的更新以及其他信息发布渠道，更改时间最迟应在当天下午完成，从而保证招聘信息的时效性。

■在双方进行面试洽谈的过程中，要及时追踪供求双方洽谈的成效，并及时发现违反《劳动法》的行为和与招聘信息不相符的内容，如现场收取报名费、押金、培训费等。

［相关知识］

■面谈目的。根据职业介绍的服务流程，面谈的主要目的是收集信息，确定需求，介绍就业，提供后续服务。职业指导员应根据上述目的做好相应服务。

■面试洽谈场地。面试洽谈场地的安排布置应该充分利用市场的场地，充分体现以人为本的服务理念，一般洽谈场地设置洽谈桌椅、招聘信息、填表台、面试安排表，墙壁上悬挂有关面试与求职的相关知识，在明显处放置饮水机、公用电话机等便民设施。

■面谈顺序。在面试洽谈场地，接待要遵守先来后到的顺序，并注意随时跟踪、及时反馈。

［小结］

通过本单元的学习，职业指导员应该能够根据用人单位和求职者的基本情况和他们求职（用工）的意愿组织双方见面洽谈，并能跟踪结果，提供后续服务。

2　能够为供需双方的交流洽谈活动做准备工作

用人单位和求职者之间的洽谈质量直接关系到双向选择的成败，因此，职业指导员为双方做好交流洽谈的准备工作就显得至关重要。

［总操作程序］

主要分六个步骤：人员接待→指导填写表格→审验表格→了解相关情况→查询匹配→组织洽谈。

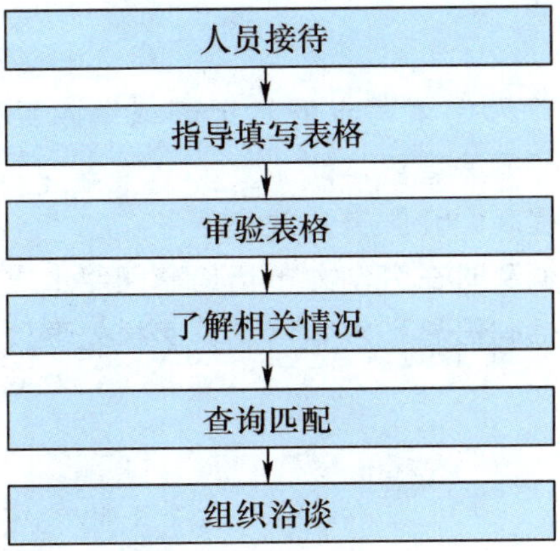

具体操作如下：

（1）人员接待。按规定查验其相关证件和资信证明材料，了解其求职或招聘需求，并为来访者介绍相关事宜。

（2）指导填写表格。指导求职者或用人单位填写求职登记表或招聘用人登记表，以备进行供求匹配或上网查询。

（3）审验表格。详细审阅求职者或用人单位所填表格，对漏填项目或不清项目提出补填或更正说明，请求职者或用人单位工作人员按要求补填或更正，确保表格所填内容准确无误。

（4）了解相关情况。根据所填写登记表内容，向求职者或用人单位详细了解相关情况，以备检索查询匹配时，作为参考依据。

（5）查询匹配。根据求职者和用人单位所填表格，通过劳动力市场信息网络系统检索查询，进行匹配，并记录匹配单位或招用人选的名称（姓名）、联系电话、地址等相关情况。

（6）组织洽谈。按匹配结果与供求双方进行联系，约定双方面试的时间、地点等，并通知双方，同时，告知双方面试时需要注意的相关事项，并要求用人单位或求职者在面试后，将面试结果及时反馈给职业指导员。

[工作要点]

■查验其相关证件和资信证明材料。这是在进行招聘面试时需要做的十分重要的工作，其目的是防止招聘的虚假成分，维护供求双方的合法权益。

■告知双方面试需要注意的相关事项，包括面试的时间、地点、需要准备的材料等，避免双方因面试事项不清产生误解，减少面试前的无效劳动，缩短面试时间，提高成功率。

[注意事项]

■指导供求双方准确无误填写求职登记表或用人登记表，为双方的相互选择、中介匹配提供准确可靠的信息依据。

■及时进行匹配，提高中介服务的效率。

■对面试结果，必须及时在劳动力市场信息网络上进行处理，如果双方选择成功，要及时在网上对招聘信息和求职信息作回执处理，以保证网络信息的有效性、可靠性。

[相关知识]

■招聘面试规则

(1) 双方在介绍自身情况的时候，应实事求是介绍真实情况，在可能的情况下，出具相关的证明材料。

(2) 遵守信用和承诺。如供需双方相互选择成功，应依法订立劳动合同，并遵守签订合同时对对方所做的承诺。

(3) 按一般面试的程序进行，遵守时间约定。面试之前，职业指导员组织安排双方面试的时间、地点，通过电话或信函约定后，要求双方遵守时间，按时履约进行面试。

(4) 面试结果应及时告知组织面试者，以备职业指导员做好相应的后续工作。

[小结]

通过本单元的学习，职业指导员应该能够为用人单位和求职者之间的交流洽谈做好相应的准备工作，为双方洽谈创造良好的氛围。

第 11 章　实施培训

1　能够为求职者介绍联系职业培训

职业指导员为求职者介绍和联系职业培训，目的是通过培训，让求职者尽快提高自身的职业技能，适应职业发展的需要，提高就业的成功率。

[**总操作程序**]

主要分七个步骤：了解求职者需要接受的培训项目→填写职业培训登记表→查询职业培训机构→查询培训时间→查询联系方式→查询培训费用→确定培训班。

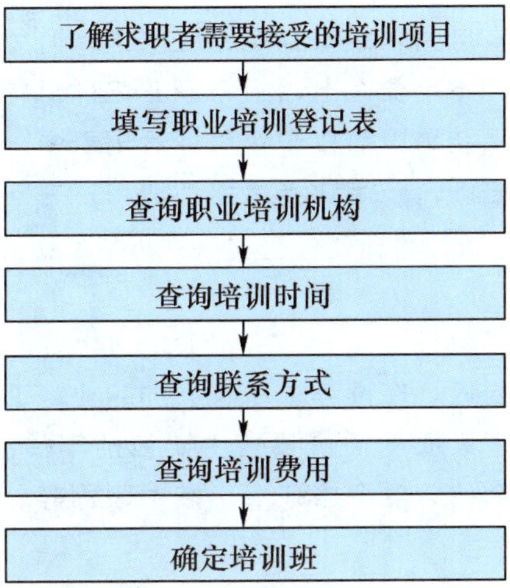

具体操作如下：

（1）了解求职者需要接受的培训项目。通过面谈全面了解求职者的情况，确定所需要的具体职业培训项目，这个培训项目属于职业资格等级的职业培训，还是非职业资格等级的职业技能培训。

（2）填写职业培训登记表。登记想参加职业培训的人员情况，包括姓名、年龄、文化程度、原从事职业、目前具有的职业资格证书、准备参加的职业培训种类，以及家庭住址、联系电话等。

（3）查询职业培训机构。主要是根据求职者所需要参加的职业培训，对目前能够提供职业培训的机构名单进行检索。

（4）查询培训时间。查询最快开办的职业培训班的具体时间。

（5）查询联系方式。包括培训学校的咨询电话号码以及具体门牌号码、乘车路线等具体信息。

（6）查询培训费用。查询培训费用就是要弄清培训所需要交的费用。

（7）确定培训班。直接打电话给职业培训机构，为求职者报名。

[工作要点]

■一定要事先确定求职者需要接受的职业培训项目。不能简单地依据求职者的陈述和愿望，而要根据求职者的具体情况和劳动力市场的需求来帮助求职者最终确定职业培训的项目。

■查到合适的职业培训机构和培训班后，先打电话了解情况，确定是否报名，不要直接到学校参加培训，以免浪费时间。

[注意事项]

■不要不加分析就盲目为求职者介绍职业培训，避免对求职者产生误导。

■联系培训机构时，一定要在电话里与职业培训机构确定职业培训的具体项目和培训时间，并将联系结果填写在职业培训登记表中。

■帮助求职者联系培训，一定要弄清培训费用，并向求职者介绍职业培训的优惠政策。

[相关知识]

■个人素质的评价要素。在推荐求职者参加职业培训时，一定要先对求职者个人素质进行评价。个人素质的评价要素主要包括年龄、文化程度、工作经历、原从事的职业、目前具有的职业资格证书、技术职称等。

[小结]

通过本单元的学习，职业指导员应该掌握如何为求职者介绍和联系职业培训，以便做好职业培训工作。

2　能够收集培训反馈信息

职业指导员收集培训反馈信息，目的是不断改进职业培训的效果，进一步完善职业介绍服务和推荐培训工作，提高求职者参加职业培训后的就业成功率。

[总操作程序]

主要分六个步骤：确定反馈信息收集方案→选派人员→调查收集信息→记录信息→分析反馈信息→报告结果分析。

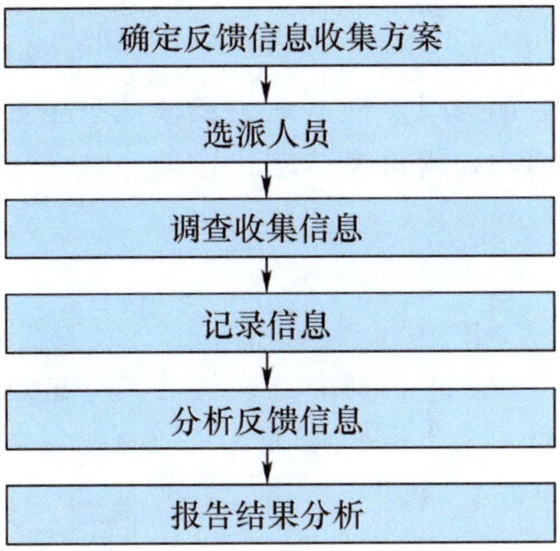

具体操作如下：

（1）确定反馈信息收集方案。方案的主要内容包括工作要求、收集培训反馈信息的途径和手段等。

（2）选派人员。根据工作需要，指定专门的信息分析人员负责此项工作。

（3）调查收集信息。工作人员按照要求，通过有效的途径和采取规定的办法收集到培训反馈的信息。

（4）记录信息。将调查收集的培训反馈信息进行专门的登记和记录。

（5）分析反馈信息。通过对调查收集的培训反馈信息进行一定的统计分析，得出信息反馈的结果。

（6）报告分析结果。将反馈信息的结果告诉培训机构和推荐和介绍职业培训的职业指导员。

[工作要点]

■编写收集培训反馈信息的方案，明确收集培训反馈信息的目的，主要是为了通过提高培训质量，提高求职者的职业技能，提高就业率。

■收集培训反馈信息时，主要围绕推荐培训以及介绍联系培训工作的效果和求职者的满意度，也包括培训机构地址、电话变更，培训班时间的更改等。

[注意事项]

■选派的负责收集培训反馈信息的工作人员一定要具备善于沟通的能力，能够与相关部门和人员保持长期的交流，以便获得所需要的信息。

■反馈信息的记录要全面，分析要深刻、有意义。

■培训反馈信息的分析结果一定要及时通报给培训机构和职业指导员。

■根据工作量大小，选派足够的工作人员。

［**相关知识**］

■培训反馈信息的主要构成。通常培训反馈信息主要包括推荐、介绍、联系培训的满意度，培训机构培训质量满意度，培训后就业率，职业培训机构的基础信息等。

［**小结**］

通过本单元的学习，职业指导员应该掌握收集培训反馈信息的程序及相关知识，在实际工作中能够要结合单位的具体情况，确定符合单位要求的收集培训反馈信息的工作方案，并不断完善。

第 12 章　“一站式” 服务

1　能够提供申领《就业创业证》服务

在来访者申领《就业创业证》时，职业指导员要能清楚地解释申领的要点以及相关内容，以便进一步为来访者提供相应的服务项目。

[总操作程序]

主要分四个步骤：了解申领者身份→检核相关材料→填写申请表→告之领证时间。

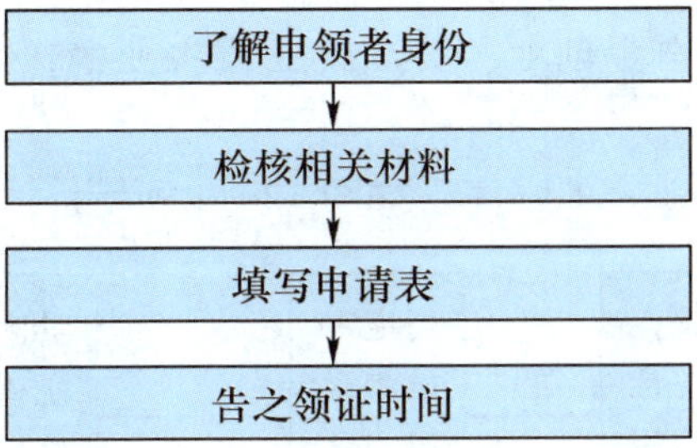

具体操作如下：

（1）了解申领者身份。主要是通过了解申领者的身份，判断其是否符合申领条件，如果符合，则提供进一步服务；如不符合，则做出解释。

（2）检核相关材料。根据有关规定，对申领者的证件和相关证明材料详细审核。

（3）填写申请表。对符合条件的申领者发放申请表，并指导其认真填写。

（4）告之领证时间。职业指导员告诉申领者具体的取证日期。

[工作要点]

■对《就业创业证》发放的范围要明确，应根据情况向发放对象告知相关就业、创业扶持政策和公共就业人才服务项目的内容和申请程序。

■申领材料。包括：①《就业创业班申请登记表》。②原身份证明材料。③身份证原件、复印件。④2 张 1 寸近期同底免冠照片。⑤当地人力资源和社会保障部门规定的其他材料。

[注意事项]

■要细致审核申领者的证件资料。

■要熟练掌握《就业创业证》的发放范围和发放要求。

[相关知识]

■《就业创业证》是记载劳动者就业和失业状况、享受相关就业创业扶持政策、接受公共就业服务等情况的基本载体和有效凭证。《就业创业证》实行全国统一样式、统一编号管理。《就业创业证》中的记载信息在全国范围内有效，劳动者可凭《就业创业证》跨地区享受国家统一规定的相关就业、创业扶持政策。

■《就业创业证》的发放范围：①进行就业登记、失业登记的劳动者。②被认定为就业援助对象的劳动者。③享受相关就业、创业扶持政策的劳动者。④各省、自治区、直辖市人力资源和社会保障部门规定范围内的其他劳动者。

■证件管理。《就业创业证》实行实名制，限持证者本人使用，不得转借、转让、涂改、伪造。劳动者被用人单位招用的，其《就业创业证》由用人单位代为保管。劳动者与用人单位终止或解除劳动关系的，其《就业创业证》由劳动者本人保管。劳动者自主创业、灵活就业或失业的，其《就业创业证》由劳动者本人保管。

■申领《就业创业证》的程序，如图12—1所示。

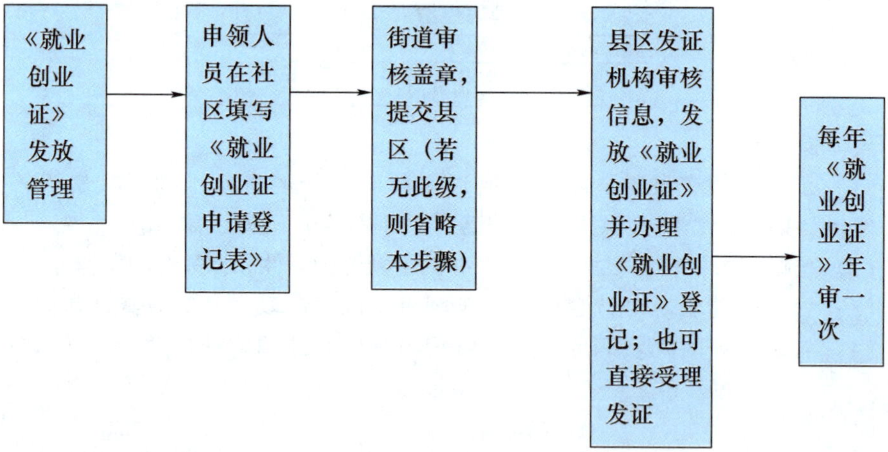

图12—1 申领《就业创业证》的程序

[小结]

通过本单元的学习，职业指导员应该熟知《就业创业证》的申领条件、所需材料和办理程序，能够为申领者办理相关业务。

2 能够提供《就业创业证》年审服务

《就业创业证》的年审是公共就业服务机构一项重要工作，职业指导员要对已审领的《就业创业证》进行年审，并核查持证人享受的优惠政策情况。

［总操作程序］

主要分五个步骤：填写年审登记表→收取《就业创业证》→录入记录表→加盖年审章→返证。

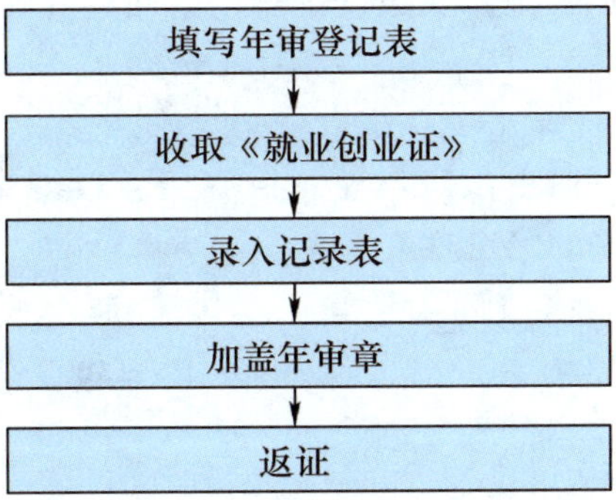

具体操作如下：

（1）填写年审登记表。职业指导员引导来访者填写《<就业创业证>年审登记表》，要注意指导填表人详细填写已享受的优惠政策，以便掌握国家优惠政策落实情况。

（2）收取《就业创业证》。收取《就业创业证》时，要注意证件是否为本人、是否涂改、证上所注明的享受优惠政策是否均填写在登记表中。

（3）录入记录表。职业指导员要是将年审表的基本资料录入计算机，既是对优惠证的复核，也可用于进一步的资料分析。

（4）加盖年审章。对已进行了计算机处理的《就业创业证》加盖年审章，以示年审通过。

（5）返证。将回盖年审章的《就业创业证》返还持证人。

［工作要点］

■引导持证人如实填写享受优惠政策的情况。例如，是否享受小额贷款，是否申报非正规劳动就业组织，是否享受免费税收，是否接受免费技能培训和创业培训，是否享受免费职业介绍，是否享受岗位和社保补贴，是否享受税费减免等。

■对集体申报年审的《就业创业证》要注意是否为一个单位，是否属年审时间段的。

［**注意事项**］

■办理年审时本人持证的，必须由本人持身份证原件、《就业创业证》及已享受有关优惠政策情况证明等相关材料到原发证机构进行年检。

■对《就业创业证》实施年审时，如有发现涂改、撕页、转让、出租、到期等情形之一，原证件将予收回、作废或缴销。

■凡已达到法定退休年龄、已享受基本养老保险待遇和完全丧失劳动能力的人员，应及时将《就业创业证》交原发证部门收回。

［**小结**］

通过本单元的学习，职业指导员要掌握《就业创业证》年审程序和相关规定，并熟悉持证人可享受的优惠政策情况。

3　能够为就业困难人员及其所在企业办理各项优惠补贴服务

就业困难人员作为特定的就业群体，存在一定的就业压力和困难，国家为此出台了多项优惠补贴措施，公共就业人才服务机构要为就业困难人员及其所在企业办理各项优惠补贴服务。为吸纳就业困难人员的企业办理各项优惠补贴，从而鼓励企业把适当的工作岗位拿出来，招录就业困难人员。

［**总操作程序**］

主要分四个步骤：接受申报材料→审核材料→拨付补贴→跟踪反馈。

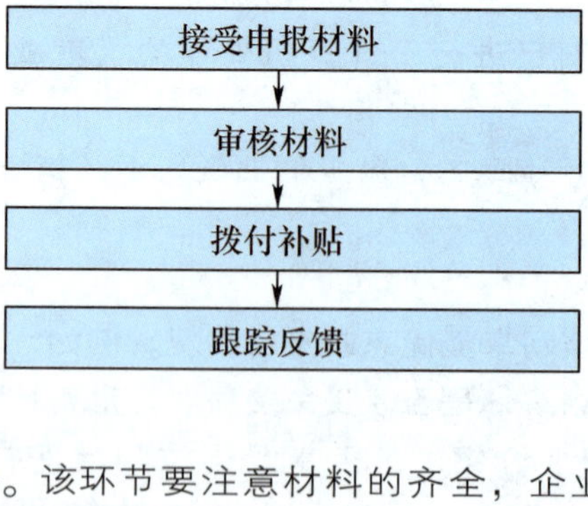

具体操作如下：

（1）接受申报材料。该环节要注意材料的齐全，企业（单位）提交申请报告应附以下材料：花名册、《就业创业证》复印件、身份复印件、劳动合同副本、缴纳养老保险证明、就业困难人员证明、工资发放表、银行账户。

（2）审核材料。公共就业服务机构要到申报企业进行实地审核，如人员在岗情况，必要时向主管部门问询。

（3）拨付补贴。对经审核申报材料齐全无误的企业，实施社会保险补贴或岗位补贴的拨付。

（4）跟踪反馈。这个环节主要是对拨付资金的到位和使用情况进行检查。

［工作要点］

■了解企业申报享受的优惠政策情况以及材料收取情况。

■对已享受优惠补贴的企业要实行一年至少一次的检查，检查重点放在人员是否在岗、资金是否已落实到每个应享受人员账户。

［注意事项］

■在提供该项服务时，要特别注意享受优惠政策的类型。吸纳了30%以上失业人数（占总人数）的企业可以享受社保补贴，其中岗位补贴是国家对困难群体的特别关爱，“4050”人员才可享受。

［相关知识］

■优惠补贴的企业类型限制。对申报企业类型要熟悉，各类服务型企业（包括商贸、餐饮、服务业企业、国家限制的行业除外）可申请优惠补贴，国家限制行业包括网吧、氧吧、广告、建筑、娱乐业等均不申报享受国家规定的优惠政策。

■社保补贴的方式。职业指导员要告知可享受社保补贴的企业，社保补贴实行的是“先缴后补”，即先由企业全额缴纳，再由政府按时间段给予补贴。

［小结］

通过本单元的学习，职业指导员应该掌握优惠补贴的发放范围、所需材料，并能对资金的拨付到位和使用情况跟踪反馈。

4　能够为自主创业的失业人员提供小额担保贷款相关服务

为自主创业的失业人员提供小额担保贷款，是国家解决失业人员再就业的一项重要举措，它不仅可以帮助失业人员创业，也是增加就业岗位、调节劳动力市场供求关系的有效途径。因此，职业指导员为失业人员提供相关的服务，可以帮助有创业意愿但资金不足的失业人员获得资金上的帮扶。

［基本程序］

主要分四个步骤：资格审查→填写表格→收取材料→送交审核。

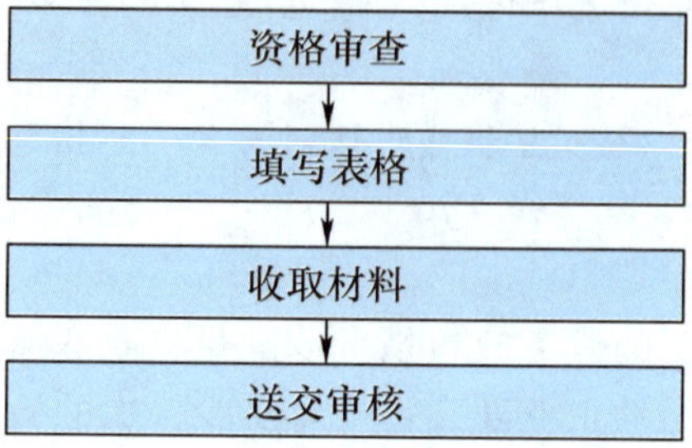

具体操作如下：

（1）资格审查。符合小额担保贷款政策规定的申请人须准备以下证件：本人身份证原件（或户口本原件）和复印件，《就业创业证》原件和复印件，《工商营业执照》副本和复印件，《房屋所有权证》原件和复印件，如采用第三方反担保，还需要提供第三方（自然人或法人）的相关证件，资产评估证明，《创业培训合格证书》或《职业资格证书》，《创业计划书》以及专家志愿者对创业项目的评价等。

（2）填写表格。要求申请人填写的表格包括：《失业人员小额担保贷款申请表》《失业人员小额担保贷款担保合同表》《失业人员小额担保贷款反担保合同表》《失业人员小额担保贷款第三方反担保合同表》（此项适合采用第三方反担保措施的借款人）《商业银行借款申请表》《商业银行借款合同表》。

（3）收取材料。在确认申请人填写准确无误后，将申请人的所有材料整理放入一个统一的档案袋内，并注明申请人的姓名、资料清单等。

（4）送交审核。根据相应规定，将申请人的材料送相关部门或主管领导审核，并在规定时间内给申请人反馈结果。

［工作要点］

■创业培训是提高创业者能力的有效途径。鼓励有创业意愿的失业人员参加创业培训，由专家指导其完成创业计划书，优先为他们提供创业担保贷款的相关服务，并视情况适当降低反担保比例或免除反担保。

■对借款人评估不仅要考察诚实守信、身体健康、无不良记录和个人技能状况，还应审查其借款的真实目的和用途，确保所借款不是用于个人消费和非创业项目的支出。

[**注意事项**]

■采用第三方反担保措施，要求第三方自然人应有稳定收入或有足额的抵押物。若第三方为已婚自然人，还应有夫妻共同签署不可撤销的“第三方反担保承诺书”；在国家机关、事业单位等有工资收入，并以其工资作为反担保的，应要求所在单位财务部门出具证明，明确在出现代偿后能从第三方反担保人的工资中扣还借款。

■若是选择房产抵押担保，房产必须经过有关部门作有价评估。

■初审材料时，一定要注意鉴别申请人原件的真伪及其材料的完备情况。

[**相关知识**]

■失业人员小额担保贷款。失业人员小额担保贷款是指对创业自筹资金不足部分，在贷款担保机构承诺担保的前提下，经过商业银行的审核可申请小额担保贷款，对于个人自有资金的要求最好能占全部创业项目经营投资的50%以上。

■小额担保贷款的工作流程，如图12—2所示。

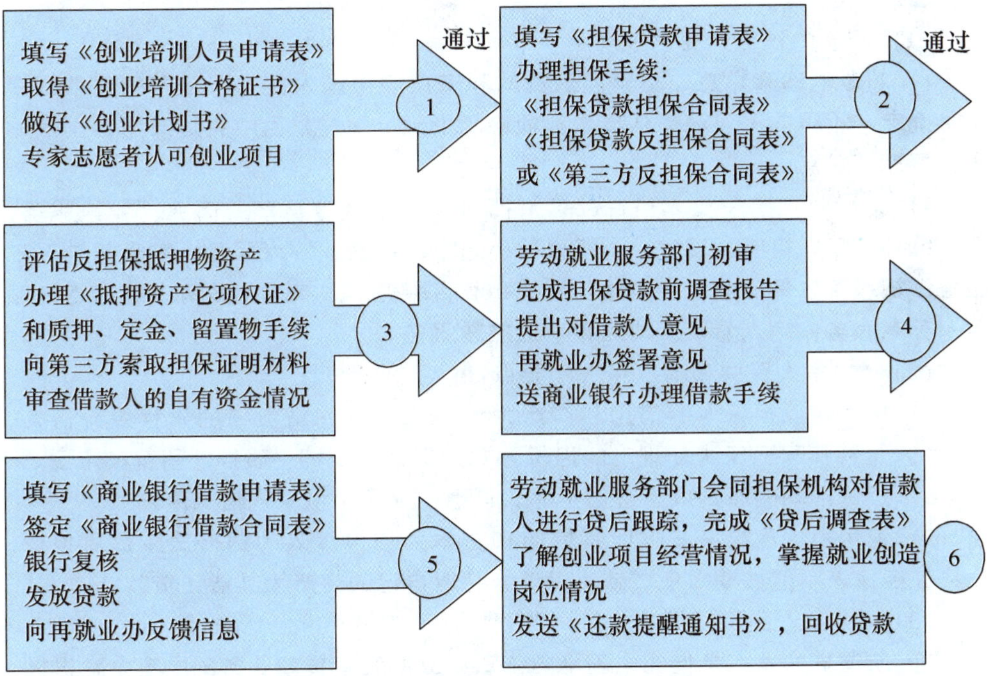

图12—2　小额担保贷款的工作流程

■政策要点：

（1）失业人员小额担保贷款是国家为下岗失业人员再就业而专门设立的贷款品种，体现了党和政府对下岗失业人员的就业支持和政策倾斜，但贷款的性质仍然属于商业性贷款。它是以实现就业和再就业为目的，以按时还款为保障，实行政府组织、市场化运作。

（2）申请失业人员小额担保贷款的基本条件：凡年龄在60岁以内、身体健康、诚实信用、具备一定劳动技能的人员，从事自谋职业、自主创业或合伙经营与组织起来就业的，其自筹资金不足部分，在贷款担保机构承诺担保的前提下，可以持人力资源和社会保障部门核发的《就业创业证》向商业银行或其分支机构申请小额担保贷款。

（3）小额担保贷款是从事自谋职业、自主创业或合伙经营与组织起来就业的开办经费和经营小企业的流动资金。

（4）小额担保贷款最长期限不超过2年，如借款人要求延长期限且担保机构同意继续提供担保并出具书面证明的，经办银行可按规定展期1次，展期期限不得超过原贷款期限的1年。

■法律法规：

（1）国家的积极就业政策规定。

1）贷款利率和贴息。小额担保贷款利率按照中国人民银行公布的贷款利率水平确定，不得向上浮动。从事微利项目的小额担保贷款由中央财政据实全额贴息，展期不贴息。

2）微利项目指失业人员在社区、街道、工矿区等从事的商业、餐饮服务、洗染缝补、复印打字、理发、小饭桌、小超市、搬家、钟点服务、家庭清洁卫生服务、初级卫生保健服务、婴幼儿看护和教育服务、残疾儿童教育训练和寄托服务、养老服务、病人看护、幼儿和学生接送服务。

（2）《中华人民共和国担保法》要点：

1）担保是以担保人的信用和资产为担保人承担保证责任的一种中介行为，《中华人民共和国担保法》规定的担保方式为保证、抵押、质押、留置和定金。

2）担保活动的原则应当遵循平等、自愿、公平、诚实守信的原则。

3）信用担保是指第三方以其信用和资本为被担保人的银行贷款提供担保，一旦被担保人不能按期偿还贷款，保证人将以自己的资产为其偿还贷款。

（3）《中国人民银行贷款通则》的要件：

1）所谓贷款人，是指在中国境内依法设立的经营贷款业务的中资金融机构。

2）所谓借款人，是指从经营贷款业务的中资金融机构取得贷款的法人、其他经济组织、个体工商户和自然人。

■关于信用。从广义上讲，信用是一种社会道德的行为准则。在市场经济中，信用综合体现为履行商品合约的能力、愿望和行动。根据合约交易的内容不同，信用分为商品信用和银行信用两种。履行合约的能力又称为信用能力，是个人或企业履行合约的意愿。

［**小结**］

通过本单元的学习，职业指导员应该能够掌握失业人员小额担保贷款的基本政策、服务对象和申请办理小额担保贷款所需材料，熟悉相应的工作流程，了解失业人员小额担保贷款应注意的事项以及相关知识内容。

第 13 章　跟踪服务

1　能够对服务对象进行服务后的信息追踪

职业指导员对服务对象进行服务后的信息跟踪，目的是了解服务的效果、服务对象的满意程度以及可能存在的其他问题，实现对服务对象最周到和最满意的服务。

[总操作程序]

主要分四个步骤：制作信息追踪记录表→确定信息追踪途径和时间→进行信息追踪→记录信息追踪的结果。

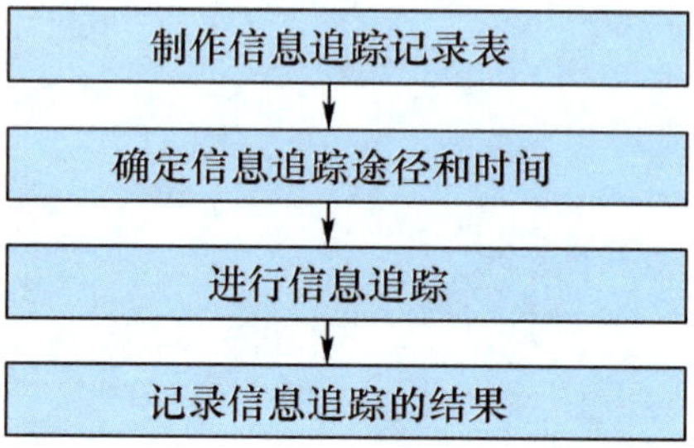

具体操作如下：

（1）制作信息追踪记录表。内容包括跟踪的服务对象（单位名称或个人姓名）、提供服务的内容、提供服务的部门及工作人员、提供服务的时间，以及信息追踪的记录。

（2）确定信息追踪途径和时间。信息追踪的途径和方法包括上门、电话联系、传真或电子邮件等。时间是，开始时每周信息跟踪 1 次，3 个月后每个月信息跟踪 1 次。

（3）进行信息追踪。按照事先设定的途径和方法以及时间，对服务对象进行询问或对其他相关人员进行询问或访谈，以获得如推荐后的上岗情况、满意情况、个人就业情况，或者推荐培训情况等所需要的信息。

（4）记录信息追踪的结果。将信息追踪的结果记录在信息追踪记录表中，以备查询。

[工作要点]

■一定要研究服务项目的规律，确定信息追踪的途径、方式等，不可能采取同样的方式和统一的时间表。

■及时、准确地记录信息追踪的结果。

[注意事项]

■在信息追踪之前，一定要向服务对象解释信息追踪的目的，以获得服务对象的配合。

■在信息追踪过程中，不要超越范围，不可询问与职业指导服务无关的问题。

■信息追踪的信息要保密，不要对外宣传。

■记录信息追踪，一定如实、全面、细致，不能使用概括性语言。

[相关知识]

■跟踪服务的流程。跟踪服务是职业指导服务的重要内容，要做好跟踪服务必须熟练掌握跟踪服务的一般流程。一般流程包括确定跟踪服务的内容、制定跟踪服务的方案、指派专人提供跟踪服务、记录跟踪服务的内容和结果、信息反馈和改进服务。

（1）确定跟踪服务的内容。主要职业指导服务的效果、服务对象的满意率、就业后遇到的新问题等。

（2）制定跟踪服务的方案。应包括跟踪服务的对象、范围、服务方式、具体时间、责任人和效果评估等。

（3）指派专人提供跟踪服务。指派具有一定经验、比较有亲和力的人员专门负责提供跟踪服务。

（4）记录跟踪服务的内容和结果。记录跟踪服务所提供的具体服务项目、服务时间、服务效果。

（5）信息反馈和改进服务。对跟踪服务的效果进行追踪反馈，不管是好还是不好，都要把结果通报给提供跟踪服务人员，并提出改进跟踪服务的建议和措施。

[小结]

通过本单元的学习职业指导员应该了解信息追踪和跟踪服务的相关知识，掌握开展信息追踪和跟踪服务的方法，以提高服务的质量和效果。

2 能够对跟踪服务的结果进行整理归档

职业指导员对跟踪服务的结果进行整理归档，目的是进一步完善和落实跟踪服务，规范管理，便于对跟踪服务工作进行考核和评估，并为今后不断改进跟踪服务积累第一手资料。

[总操作程序]

主要分四个步骤：制定整理归档的工作要求→确定整理归档的工作标准→指定整理归档的责任人→实施跟踪结果的整理归档。

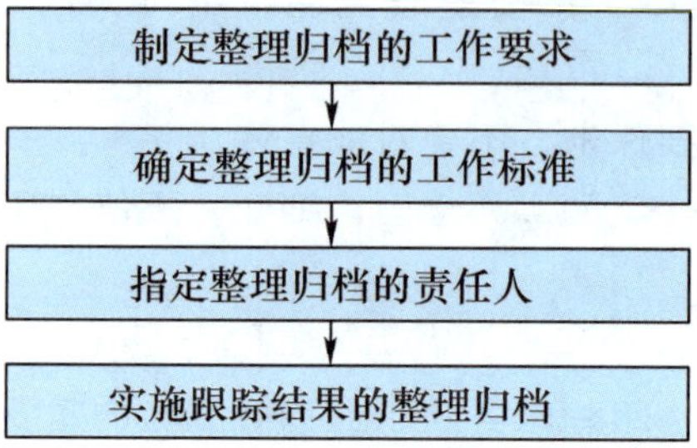

具体操作如下：

（1）制定整理归档的工作要求。即根据职业指导的服务要求，对跟踪服务结果的整理归档工作提出具体要求。

（2）确定整理归档的工作标准。即根据职业指导工作的标准，对跟踪服务结果的整理归档工作制定出具体标准。

（3）指定整理归档的责任人。即根据要求，指派专人负责对跟踪服务结果进行整理和归档。

（4）实施跟踪结果的整理归档。即对跟踪服务结果的记录进行整理，然后按照建立跟踪服务档案的要求，统一归档。

[工作要点]

■跟踪服务结果的整理和归档工作可以按照职业指导员进行分类，也可以按照跟踪服务的时间、工作内容、服务对象的类别进行分类管理。

■整理归档后统一存放。

[注意事项]

■一定要按照工作要求和标准对跟踪服务结果进行整理和归档。

■跟踪服务结果的整理归档要注意保密，特别是对可能涉及个人隐私或者单位不宜对外公开的内容。

■整理归档要在跟踪服务目标任务完成以后进行，并经过跟踪服务人员确认后开始执行。

［相关知识］

■跟踪服务结果整理归档要点：

（1）要经过跟踪服务人员对跟踪服务确认结束后，由专人负责对跟踪服务结果进行整理归档。

（2）跟踪服务结果整理归档工作要求和标准，通常可以参照 ISO 9000 质量认证体系的要求来制定。

（3）跟踪服务结果整理归档要便于以后查阅。

（4）跟踪服务结果整理归档后，不得随意借阅。

［小结］

通过本单元的学习，了解职业指导员应该跟踪服务结果整理归档的操作要求以及相关知识，能够对跟踪服务结果进行规范化管理。

ZHULIZHIYEZHIDAOSHI

第二篇 助理职业指导师

第六部分 咨询与指导

第 14 章 接待登记

1 能够接待具有一定规模、用工数量多的单位

具有一定规模、用工数量多的单位一般是指首次在本地招聘或企业经过重新组合，因工作需要而在本地公开招聘的企业。

[总操作程序]

主要分七个步骤：介绍办理招聘的相关手续→了解用人单位基本情况→办理招聘登记→了解用人单位招聘情况→帮助用人单位拟定招聘简章→协助用人单位选定适当的宣传方式→商榷面试方式。

具体操作如下：

（1）介绍办理招聘的相关手续。即向用人单位介绍办理招聘所需的相关证件：营业执照副本、介绍信、经办人身份证、招聘简章。

（2）了解用人单位基本情况。包括用人单位是否为首次来本地招聘；用人单位是否经过重新组合或改组；用人单位生产经营的规模；用人单位员工的结构；用人单位所属行业、单位性质、单位地址等。

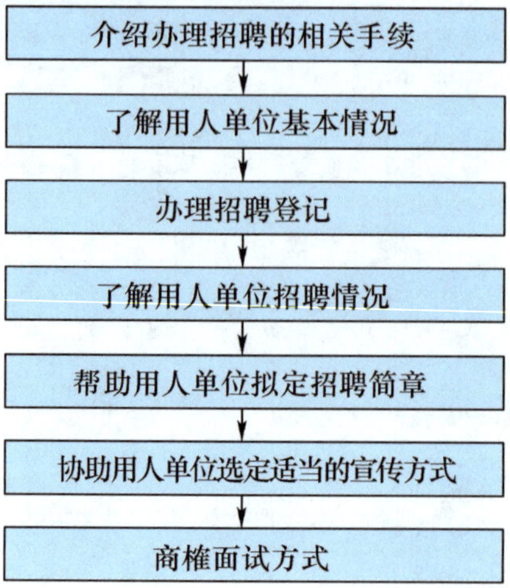

（3）办理招聘登记。协助用人单位详尽填写《用人单位招聘登记表》，具体见表 14—1。

（4）了解用人单位招聘情况。包括本次招聘的规模、数量、工种、薪金及福利待遇、培训、其他附带条件等。

（5）帮助用人单位拟定招聘简章。通过对用人单位招聘情况的了解，帮助用人单位拟定出规范的招聘简章。

（6）协助用人单位选定适合的宣传方式。根据宣传方式适应范围不同，结合用人单位本次招聘情况给出建议性的意见。

（7）商榷面试方式。根据拟定的招聘简章和宣传方式，再结合不同面试方式的适合范围，经与用人单位共同协商，确定面试方式。

[工作要点]

■助理职业指导师要把用人单位的基本情况与其提供的相关证件进行核对，即生产经营的范围是否与营业执照副本相符、注册资金是否与实际情况相符。这就需要职业指导人员掌握多方面的知识。

■协助用人单位选择宣传方式时，助理职业指导师要站在用人单位的角度考虑问题，要考虑所采用的宣传方式与招聘成功的可能性。

[注意事项]

■在接待用工数量多的用人单位过程中，操作程序一定要熟练，操作程序的生疏往往会影响企业对市场招聘的信心。

■了解招聘情况时，要掌握其所招聘人员的上岗时间，避免用人单位借招聘做宣传。

■在了解用人单位本次招聘人员的薪金方面，要结合当地劳动力市场工资价位，给予用人单位适当的引导，使其用具有吸引力的薪金来招聘人员

■在协助用人单位选择宣传和面试方式时，要紧密结合用人单位实际情况，站在用人单位的角度考虑问题，切不可扩大行事。

■要特别注意，还未开工（营业）的企业，要特别了解其开工的最晚期限，这样可避免用人单位用招聘做宣传，同时也保护了求职者的利益。如果其开工时间要在3个月以后，可劝其在开工前2个月前来招聘。

表14—1　　　　用人单位招聘登记表

用工编号：　　　　　　　　　　　　登记日期：　年　月　日

<table>
<tr><td>单位名称</td><td colspan="2"></td><td>单位性质</td><td></td><td>经济类型</td><td></td><td>行业分类</td><td colspan="2"></td></tr>
<tr><td>主管部门</td><td colspan="2"></td><td>注册资金</td><td></td><td>法人代表</td><td></td><td>联系人</td><td colspan="2"></td></tr>
<tr><td>联系电话</td><td colspan="2"></td><td>联系人身份证</td><td></td><td>邮编</td><td></td><td>E-mail</td><td colspan="2"></td></tr>
<tr><td>单位地址</td><td colspan="2"></td><td colspan="2">工商营业执照编号</td><td></td><td colspan="2">社会保险登记证号</td><td colspan="2"></td></tr>
<tr><td>招聘方式</td><td colspan="3">推荐（　）
查询（　）
现场招聘（　）
委托招聘（　）</td><td>招聘期限</td><td colspan="2">月　日至
月　日止</td><td>洽谈时间</td><td colspan="2"></td></tr>
<tr><td rowspan="6">招聘条件待遇</td><td>工种</td><td>人数</td><td>性别</td><td>身高（cm）</td><td>文化程度</td><td>语言水平</td><td>面向地区</td><td>月收入</td><td>其他</td></tr>
<tr><td></td><td></td><td></td><td></td><td></td><td></td><td></td><td></td><td></td></tr>
<tr><td></td><td></td><td></td><td></td><td></td><td></td><td></td><td></td><td></td></tr>
<tr><td></td><td></td><td></td><td></td><td></td><td></td><td></td><td></td><td></td></tr>
<tr><td></td><td></td><td></td><td></td><td></td><td></td><td></td><td></td><td></td></tr>
<tr><td></td><td></td><td></td><td></td><td></td><td></td><td></td><td></td><td></td></tr>
<tr><td rowspan="4">配置比例</td><td>工种</td><td>比例</td><td>工种</td><td>比例</td><td rowspan="4">社会福利状况</td><td colspan="4" rowspan="4">免费提供食宿（　）免费工作餐（　）
提供食堂免费住宿（　）自行解决（　）
保险（　）培训（　）</td></tr>
<tr><td></td><td></td><td></td><td></td></tr>
<tr><td></td><td></td><td></td><td></td></tr>
<tr><td></td><td></td><td></td><td></td></tr>
<tr><td>企业简况</td><td colspan="9"></td></tr>
</table>

■与这类用人单位沟通时，要注意《劳动法》《劳动合同法》和当地劳动行政法规的宣传，引导用人单位规范用工行为。

［相关知识］

■用人单位招聘宣传方式及其适用范围：

（1）市场宣传。主要在劳动力市场张贴统一的招聘简章进行招聘信息的发布，一般适用于用人单位规模较小、招聘工种较少并容易招聘的岗位。

（2）社会新闻媒体。主要通过当地具有影响力的网络、报纸、电视台进行招聘信息的发布。一般适用于用人单位规模较大、知名度较高、招聘数量多、职位层次丰满、周期较短的企业。

（3）互联网。主要通过当地较有影响力的劳动力市场网站进行招聘信息的发布。一般适用于用人单位知名度高、招聘工种范围广、招聘职位较高的企业。

■用人单位面试方式及其适用范围：

（1）查询面试。就是通过劳动力市场的人力资源库直接进行查询配置，一般适用于用工特别急需的用人单位。

（2）委托面试。通过劳动力市场帮助用人单位收集应聘人员资料，再按约定的时间将资料送达用人单位，由用人单位来决定面试人员。一般适用于外资和合资企业及招聘周期较长的企业。

（3）现场面试。通过到劳动力市场现场来实现供需交流。一般适用于用人单位规模较小、招聘工种较少、相对容易招聘的岗位。

（4）推荐面试。通过劳动力市场的介绍推荐，求职者自行到用人单位进行面谈。一般适用于用人单位规模较小、招聘工种较少并容易招聘、招聘需求紧急的情况。

（5）专场招聘会。为有特殊需求的用人单位召开独家供需交流洽谈会。一般适用于用人单位规模较大、知名度较高、招聘数量多、周期较短的情况。

（6）互联网面试。通过劳动力市场网站进行应聘人员的挑选，一般适用于用人单位规模较大、知名度较高、招聘工种范围广、招聘职位高的情况。

当然，在为用人单位选择宣传与面试方式时，其方式和方法并不是唯一的，而是可以采用多种方式组合的。

［小结］

通过本单元的学习，助理职业指导师应该能够较熟练地受理企业规模大、用人数量多的用人单位，并对不同宣传方式和面试方式的适用范围有一定的了解。

2 能够接待具有高级专业技术、技能的人员

接待具有高级专业技术、技能人员的目的在于将他们从一般性的求职人员分离出来，更好地为这类人员进行职业指导服务，丰富劳动力市场的人力资源库。

［**总操作程序**］

主要分六个步骤：了解求职者基本情况→检查相关证件→填写登记表→提交材料→录入资料→相关部门存档。

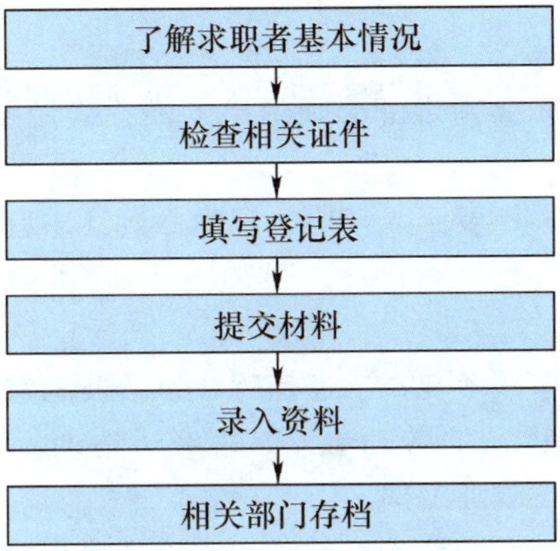

具体操作如下：

（1）了解求职者基本情况。通过与求职者交谈，了解其基本的背景信息，对符合相关规定的高级专业技术人员进行相关的接待服务。

（2）检查相关证件。主要包括职业资格证、技师证、高级技师证、外语等级证、计算机等级证、职称证、学历证、学位证等。

（3）填写登记表。引导此类人员正确、规范地填写《中高层人力资源登记表》，特别要指导求职者认真填写其中的特长、工作业绩部分。

（4）提交材料。检查求职者是否已将相关证件资料的复印件附在登记表之后。

（5）录入资料。检查无误后，将收取的《中高层人力资源登记表》录入计算机相应程序，以备后用。

（6）相关部门存档。将求职者的所有资料送交中高层人力资源部门统一存档，以便进行相应职位的人才匹配。

[**工作要点**]

■一些高级专业技术人员和高级技能人员求职者，总以为自己技高一筹、学历高，对就业市场不能适应。接待此类求职者时可提供职业素质测评，帮助其调整心态，正确择业。

■相关证件资料复印件的收取非常重要。具有高级专业技术、技能的人员通常学有专长，具有相当的工作业绩，要注意这些材料的收取。

■助理职业指导师对当地高级专业技术、技能人员的分布和市场需求有一定的了解，以便有针对性地帮助他们解决问题。

[**注意事项**]

■在登记后，助理职业指导师必须做出判断，确定帮助点，及时给予引导，并提出建议。

■要尊重求职人员，不要强人所难，尽量做到让求职者满意。

[**相关知识**]

■就业准入。对从事技术复杂，通用性广，涉及国家财产、人民生命安全和消费者利益的职业（工种）的劳动者，必须经过培训，参加职业技能鉴定并取得职业资格证书后，方可就业上岗。

■霍兰德的职业类型匹配理论。美国职业指导专家霍兰德根据他本人大量的职业咨询经验创立的“人格类型”理论，强调人的职业兴趣是六种类型组成的六边形结构，如图 14—1 所示。六种基本职业类型的特点如下：

（1）现实型（R）。基本的人格倾向是，喜欢有规则的具体劳动和需要基本操作技能的工作，但缺乏社交能力，不适应社会性质的职业。其典型的职业包括技能性职业（如一般劳工、技工、修理工等）和技术性职业（如摄影师、机械装配工等）。

（2）研究型（I）。基本的人格倾向是，具有聪明、理性、精确、批评等人格特征，喜欢抽象的、分析的、独立的定向任务这类研究性质的职业，但缺乏领导才能。其典型的职业包括科学研究人员、工程师等。

（3）艺术型（A）。基本的人格倾向是，具有想象、冲动、直觉、理想化、有创意、不重实际等人格特征，不善于事务工作。其典型的职业包括艺术方面的职业（如演员、导演等）和文学方面的职业（如诗人、剧作家等）。

（4）社会型（S）。基本的人格倾向是，具有合作、友善、善社交、善言谈、洞察力强等人格特征，喜欢社会交往，关心社会问题，有教导别人的能力。其典型的职业包括教育工作者与社会工作者。

（5）企业型（E）。基本的人格倾向是，具有冒险精神、有野心、独断、乐观、自信、精力充沛等人格特征，喜欢从事领导及企业性质的职业，其典型的职业包括政府官员、企业领导等。

（6）常规型（C）。基本的人格倾向是具有顺从、谨慎、保守、实际、稳重等人格特征，喜欢有系统、有条理的工作任务。其典型的职业包括办公室人员、会计、打字员等。

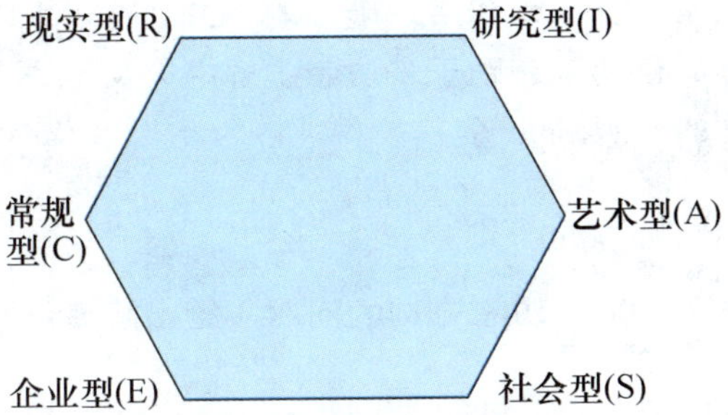

图 14—1　霍兰德职业兴趣的六种类型

［小结］

通过本单元的学习，助理职业指导师应该掌握当地中高层专业技术人才的特性、分布和他们的需求，收集相关资料，建立中高层人才资源库，为他们提供高质量的就业服务。

第 15 章 信息咨询

1 能够对来访者提供就业政策信息咨询

就业政策直接关系到求职者和用人单位的切身利益，助理职业指导师对来访者进行就业政策信息的咨询，有助于来访者了解中央及地方有关就业政策，以利于他们求职招聘工作的开展。

[总操作程序]

主要分四个步骤：了解来访者咨询的问题→给出解释→重点问题解答→登记分类。

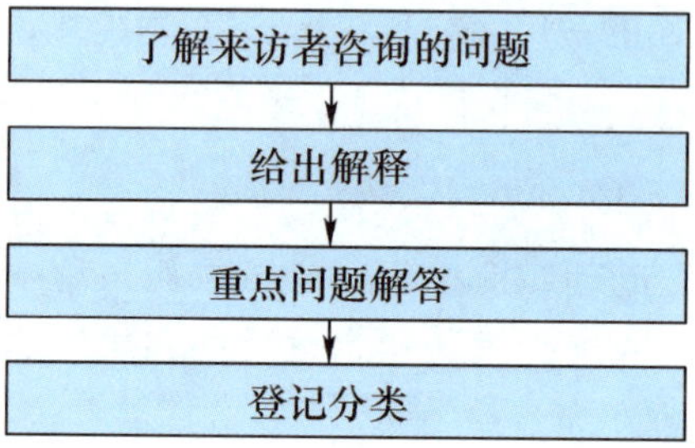

具体操作如下：

（1）了解来访者咨询的问题。对来访者咨询的问题进行分析，找出具体的咨询点。

（2）给出解释。就来访者提出的问题给予详尽的解答，并将有关文字材料呈给来访者阅读。

（3）重点问题解答。对就业政策的重点段落，助理职业指导师要特别给出解释，以帮助来访者弄清所咨询问题的答案。

（4）登记分类。对来访者所咨询的就业政策信息进行分类登记，以便为有关部门提供分析数据，这也是一个工作日志。

[工作要点]

- 认真倾听来访者咨询的具体问题，并找到与此相应的政策信息点。
- 在咨询过程中，要善于围绕主要问题，抓住主要信息，注重效率。

[注意事项]

■因为来访者常常是对就业政策一知半解，助理职业指导师一定要先澄清咨询问题再进行解答，以免来访者对就业政策的理解产生偏差。

■有些来访者习惯于把有关政策的某句话拿出来咨询，或举出具体实例让职业指导人员说对还是不对，凡遇到这些情况，助理职业指导师就要运用咨询方法和技巧，不要就事论事，一定要对来访者陈述事件的背景、咨询问题的实质了解清楚再做出答复。

[相关知识]

■就业政策与劳动力市场。劳动力市场行为和就业政策有着密切关系，市场规范运行要靠就业政策来支持，困难群体的就业问题要靠就业政策来扶持，助理职业指导师要有意识地搜集市场上的各种信息，为充分解释有关政策积累材料，同时也能从这些信息中搜集、了解相关政策在市场运作过程中的执行情况和运用情况。

一般说来，来访者寻求就业政策咨询有两个目的，一是保护自己的合法权益，二是监督用人单位的行为。

[小结]

通过本单元的学习，助理职业指导师应该能够运用倾听技术澄清来访者咨询问题的实质，并运用相关的劳动就业政策予以解答。

2 能够整理咨询记录，建立咨询文档

助理职业指导师有责任在咨询前和咨询后高效、优质地完成咨询文档的建立工作，这些文档对于提高工作效率、改进工作水平具有重要作用。

[总操作程序]

主要分四个步骤：建立需求记录文档→建立咨询安排记录文档→建立咨询后记录文档→建立回访记录文档。

具体操作如下：

（1）建立需求记录文档。这部分文档主要用于记录来访者初次接触的重要信息，记录内容包括个人基础信息、来访者选择的服务内容、来访者需求等。这些信息记录一方面要方便查询，另一方面要方便职业指导师阅读。

（2）建立咨询安排记录文档。这部分文档是在前期具体安排来访者咨询事

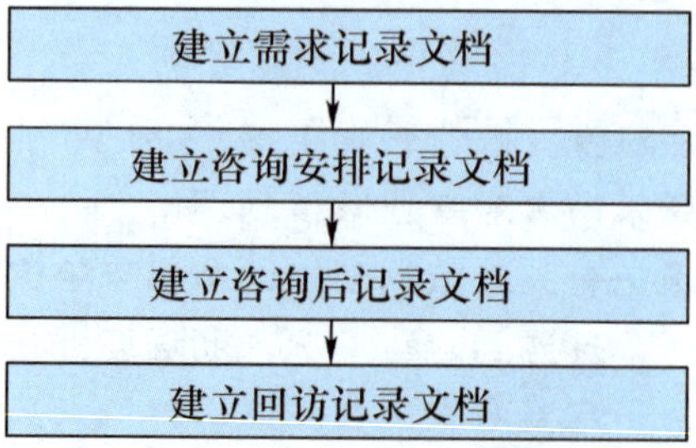

宜的过程中记录的文档，主要用于整个咨询服务流程的管理，也是提供给职业指导师的信息档案。咨询安排记录内容包括来访者个人详细信息、时间安排、咨询师安排。

（3）建立咨询后记录文档。这部分文档是在咨询后进行的，其中咨询过程的记录由职业指导师负责，而客户意见反馈记录和提供给客户的资料记录则由助理职业指导师负责。咨询后记录内容包括职业指导师咨询记录、客户意见反馈记录、提供给客户的资料记录。

（4）建立回访记录文档。这部分文档可以在咨询后短期内（如一周内或者半年内），也可以在持续的几年内不断进行，主要是调查客户的意见反馈。这部分文档可以提供给职业指导师，以便其改进工作。回访记录内容包括客户满意度记录和客户意见反馈记录。

[工作要点]

■规范工作流程。建立文档时，首先要对工作流程进行标准化，然后把各个环节落到实处，所以，助理指导师要充分理解工作的意义和具体内容，然后准确记录各个环节的信息，并且规范管理，避免出现流程形式的文档，也避免文档过于复杂，影响工作效率。

■落实文档记录的执行工作。在各类文档的记录中，要责任到人，并且严格执行，尤其是涉及职业咨询师的文档，要注意建立标准化的记录格式。

■有效管理各类文档。各类记录文档的存放要便于查询，利于工作共享，而且要注意保密。

[注意事项]

■如果有多种形式的文档，需要根据其具体的载体分门别类设置具体的存放方式，如纸面文档、电子文档、录音文档、录像文档等。

■因涉及严格的保密问题，故文档的管理要有严格的存放、提阅规则。

■对来访者客户咨询后意见的调查要及时，否则收集的信息会有偏差。

[**相关知识**]

■建立四类咨询文档的目的：

（1）建立来访者需求记录文档，可以帮助职业指导师对来访者的基本信息和服务需求有一个初步的认识，也便于以后进行相关数据的统计分析。

（2）建立来访者咨询安排记录文档，可以增进咨询双方的了解，能让来访者对负责咨询的职业指导师和具体咨询时间安排有一个初步的认识，并帮助咨询双方以书面形式明确咨询中所要解决的问题，以保证达到预期的咨询目的。

（3）建立来访者咨询后记录文档，既可以为来访者的后续指导服务提供资料支持，又有助于改进和提高职业指导人员工作的水平。

（4）建立咨询后回访记录文档，主要目的是了解咨询后的实际效果，以帮助职业指导师更好地结合具体实际来改进指导方法和提高指导水平。

当然，这四类文档可以采用纸件、电子件、录音、录像等多种形式。

■文档整理归类的基本知识：

（1）文档记录要根据来访者不同的服务项目、职业发展阶段等进行分类。

（2）文档记录要根据不同的载体（纸件、电子件、录音、录像）分别存放，对某些容易损毁的文档记录，如电子件，需进行备份。

（3）文档记录的编号方式要统一，并建立对应的登记表，以利于方便快捷地进行查询。

■文档存放、提阅规则：

（1）保密原则可以被视为咨询中最重要的原则，它既是咨询双方确立相互信任关系的前提，也是咨询活动顺利开展的基础。

（2）咨询文档必须存放在安全隐秘的地方，并由专人负责管理。

（3）只有相关的职业指导人员有权提阅记录文档，每次提阅均应进行详细记录，并不得带出工作区域。

（4）存放和提阅记录文档的人员都必须签订保密协议，严格保护来访人员的隐私权益。

[**小结**]

通过本单元的学习，助理职业指导师应该理解建立四类咨询文档的目标和内容，掌握建立咨询文档的要点，文档的整理归类方法，以及文档存放和提阅的规则。

第 16 章 诊断咨询

1 能够澄清求职者的求职挫折问题，并进行解释和引导

在求职过程中，每位求职者都可能遇到这样那样的困难和挫折，助理职业指导师帮助求职者澄清求职挫折问题，并进行解释和引导，目的是使求职者克服求职挫折，实现成功求职，顺利就业。

［总操作程序］

主要分八个步骤：约见面谈→咨询登记→建立咨询关系→倾听求职者陈述→澄清求职者问题→分析求职挫折→引导求职者克服挫折。

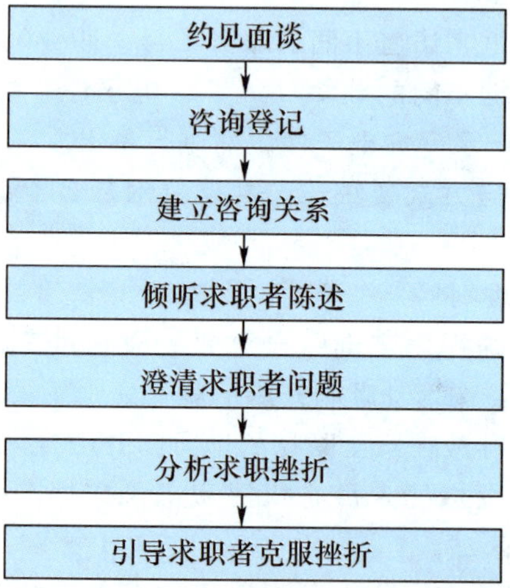

具体操作如下：

（1）约见面谈。通过电话或其他手段，约见求职者进行面谈主要包括两点：一是约定提供服务的时间和地点；二是约定接待服务的形式，也就是通知面谈。

（2）咨询登记。让约见的求职者进行咨询登记主要内容包括两点：一是登记求职者的各种背景材料；二是登记求职者自己认为的求职挫折。

（3）建立咨询关系。为了建立良好的咨询关系，助理职业指导师要注意三个方面：一是真诚和积极关注的态度；二是热情的接待；三是良好的语言沟通。

（4）倾听求职者陈述。耐心、细致、认真地倾听求职者讲述求职挫折的过程，主要内容包括集中精力、不轻易打断、做出相应的反应三点。

（5）澄清求职者问题。判断并澄清求职者的挫折问题主要包括三点：一是根据求职者的陈述内容判断；二是根据咨询登记的背景材料和提出咨询的求职挫折内容，对求职挫折问题进行澄清；三是把全部信息集中起来进行判断，最终确定求职挫折的本质。

（6）分析求职挫折。与来访者讨论和分析求职挫折问题主要包括两点：一是分析造成求职挫折的原因以及因素；二是讨论各种因素对求职挫折的影响程度。

（7）引导求职者克服挫折。主要包括三点：一是提供克服求职挫折的有效方法；二是提供改进求职行为的建议；三是建议求职者参加求职训练培训或者提供一些简单的自我训练的方法。

［工作要点］

■澄清求职挫折问题。要对求职者个性特征、职业技能和相关知识及求职的行为等进行全面了解，除了通过听取求职者陈述之外，还可以与相关的单位联系或者与其家人联系，更加深入地了解求职挫折问题。

■引导求职者克服求职挫折，要提供有效的方法和技术。

［注意事项］

■要充分尊重每一位求职者，做到完全接纳。因为遭受求职挫折的求职者，多数心情沮丧，情绪不好，容易冲动，爱发脾气。在接待时，一定要热情、尊重，完全接纳。

■对于求职者的挫折问题要全面分析，不能主观臆断。在澄清求职挫折的过程中，一定要多方面考虑和分析，充分认识求职者所遇到的求职挫折问题。

■要关注细节。在澄清求职者求职挫折问题并进行解释、引导的全过程中，要做好每个细节，让求职者感到服务周到、判断问题准确、解释问题清晰、引导帮助到位，避免因细节而失败。

■要把服务过程的各个环节相互贯通。在帮助求职者澄清求职挫折问题并进行解释和引导时，要按照程序操作，避免跳跃。

■要注意倾听求职者陈述，不要轻易打断求职者陈述。很多信息直接来源于求职者的陈述，要鼓励求职者积极陈述，以便在判断和澄清求职者的求职挫折问题时获得充足的信息。

［相关知识］

■失业人员常见的求职挫折及其诱因：

（1）错位挫折。错位挫折是指求职者的择业目标与劳动力市场职业需求之间存在较大差距，求职者择业目标往往高于市场需求，造成求职失败。主要原因是，求职者对自身的职业能力和职业定位缺乏正确认知，对劳动力市场的职业需求状况不够了解，出现信息不对称。

（2）面试挫折。面试挫折是指求职者在面试过程中没有很好的表现，造成求职失败。其原因主要是求职者缺乏面试技术的训练。

（3）动因挫折。动因挫折是指求职者在找工作时，最大的动因是来自家庭成员以及周围其他人员的压力，而不是来自个人内在动力。造成这种情况的主要原因是传统的思维习惯和生活习惯。

（4）方式挫折。方式挫折是指求职者选择求职途径不适合而失败。

（5）方法挫折。方法挫折是指求职者在求职时没有掌握一些技巧和方法，导致求职失败。原因主要是求职者缺乏求职的一些知识。

（6）偏见挫折。偏见挫折是指求职者在求职时遇到用人单位的偏见，出现设定门槛高、工作时间长、劳动强度大、根本不考虑求职者客观情况及主观感受等情况，造成求职失败。原因主要是某些用人单位缺乏科学用人的观念。

［**小结**］

通过本单元的学习，助理职业指导师应该明确如何澄清求职者的求职挫折问题，并进行解释和引导服务，了解失业人员常见的求职挫折类型，了解造成求职挫折的主要原因，并有针对性地提供帮助。

2　能够帮助大学生正视求职过程中所遇到的挫折，并科学指导大学生分析受挫原因，从中吸取教训

大学生在求职过程常常会遇到这样那样的困难，如果处理不当，就会产生极大挫败感，甚至严重损害大学生的求职积极性及自尊心，助理职业指导师要帮助大学生明晰求职过程遇到挫折的客观性，理性分析其受挫诱因，提出合理化建议，帮助其重建自信，以利于今后的成功求职。

［**总操作程序**］

主要分四个步骤：澄清毕业生的问题→判断受挫原因→调整毕业生的情绪→制订解决方案。

具体操作如下：

（1）澄清毕业生的问题。主要包括三个方面，即通过询问毕业生的咨询目的，帮助学生归纳出主要问题是什么，涉及几个方面，以及自己最需要解决的问题是什么。

澄清毕业生的问题
↓
判断受挫原因
↓
调整毕业生的情绪
↓
制订解决方案

(2) 判断受挫原因。确定毕业生受挫的根源，可以从两个方面着手：一是毕业生自身的原因，如就业观念、能力结构、性格特征等；二是外部客观原因，如所学专业的市场需求等。

(3) 调整毕业生的情绪。通过与毕业生共同分析受挫根源，让毕业生以平和的心态正视受挫事实，理智看待面对的问题。

(4) 协助制定解决方案。调整了毕业生的消极情绪之后，就要为他们提出改进建议，帮助他们制订下一步求职的具体计划。

[工作要点]

■准确把握大学毕业生遇到的核心问题，具体分析其产生的根源。

■运用心理咨询的方法帮助大学毕业生调节消极情绪，重建对求职的自信心。

■根据毕业的实际情绪协助他们制订具体的求职方案。

[注意事项]

■充分理解、尊重毕业生，小挫折的处理不当对初涉社会的毕业生都有可能造成很大的伤害。如毕业生因求职被拒选择轻生等。

■不能只是就事论事，除通过挫折分析，帮助学生找出应对措施外，更重要的是帮助毕业生进行适当调整，重新树立信心。

[相关知识]

■大学毕业生求职受挫的主要原因。大学毕业生求职过程中受挫通常有两个方面的原因：一是毕业生自身原因，包括心理准备不足、资料不齐、信息单一、不准确、职业取向定位有偏差，以及仓促签约等；二是外部的客观原因，如行业形势、岗位特殊要求、求职被骗等。

■大学生的常见求职挫折类型：

(1) 人际关系障碍型。主要表现为在求职过程中，不知道如何与他人交谈，更不会与招聘单位的经理交流，甚至刚上班还在试工期内，由于与其他同事合不来，只好重新求职。造成这种情况的原因是，在知识大爆炸的今天，大学生要学习的知识实在太多，而且学习书本知识又是大学教育的主要内容，而对人际关系知识，普遍学得太少。

（2）经验障碍型。大学生在求职时，由于没有工作经验，面对招聘单位对工作经验的要求不知所措，有的故意强调理论知识的丰富而遭用人单位的拒绝。

（3）理想与现实脱节型。多年的教育使大学生树立了很高的理想，总希望毕业后有一个能够实现理想的工作。而当毕业后走出校园，面对更多的非公企业，面对更多的办事人员、业务人员的招聘岗位，理想好像一下破灭了，失去了继续求职的信心。

（4）一步到位型。大学生在求职时总希望一步到位，也就是工资待遇、职位符合自己的理想，甚至刚上班就有出国机会。

（5）偏爱大都市型。希望毕业后能够留在大城市工作，在大学女生中这种想法更为常见。这就导致多数大学生集中于大城市求职，必然造成竞争加剧，不成功的概率增加。

[小结]

通过本单元的学习，助理职业指导师应该能够帮助来访者分析求职过程中遇到的挫折，协助他们寻求问题的解决之道。

3 能够判别用人单位招聘目标与结果的偏差，并进行解释和引导

助理职业指导师帮助用人单位判别招聘目标与招聘结果的偏差，不仅有助于规范用人单位的招聘行为，也可避免因招聘行为不当导致招聘目标无法实现，或引发的劳动争议等其他方面的问题。

[总操作程序]

主要分六个步骤：查阅用人单位的招聘简章→了解招聘的宣传、面试方式→对招聘方案提出建议→与用人单位沟通→协助用人单位重新拟定招聘方案→跟踪反馈。

具体操作如下：

（1）查阅用人单位的招聘简章。要从招聘岗位的条件、招聘岗位的工资、福利、社会保障待遇等方面收集资料并进行分析。

（2）了解招聘的宣传、面试方式。结合用人单位的规模和招聘数量，分析其招聘宣传和面试方式是否有利于实现本次招聘的目标。

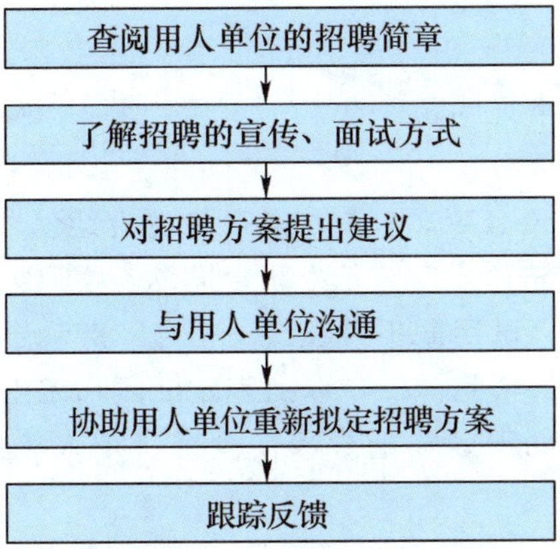

（3）对招聘方案提出建议。通过前两步的分析，向用人单位就本次招聘的实际情况提出建设性的意见或建议。

（4）与用人单位沟通。根据建议内容，与用人单位沟通，就其招聘行为进行分析、解释和引导。

（5）协助用人单位重新拟定招聘方案。根据双方的沟通，协助用人单位重新制作招聘简章，确定宣传、面试方式。该环节也是帮助用人单位实现招聘目标的关键。

（6）跟踪反馈。就是对用人单位的招聘目标进行跟踪管理，并做好跟踪备案。

［**工作要点**］

■要对用人单位提出的招聘岗位条件进行具体分析，分析指标包括招聘岗位实际所需的性别、文化程度、年龄、业务与专业技术熟练程度、应具备的技能水平。助理职业指导师主要分析用人单位所提出的招聘岗位条件的合理性。

■就用人单位为招聘岗位所提供的工资、福利、社会保险待遇水平及其工作环境、设施条件等因素，助理职业指导师要从中分析该职位对求职者的吸引程度。

■从用人单位的劳动人事管理制度是否使应聘者具有职业安全感和向心力进行分析，助理职业指导师可以预测求职者的心理反应。

［**注意事项**］

■帮助用人单位树立法制意识，严格遵守《劳动法》《劳动合同法》和当地相关的行政法规。用人单位招聘人员属于劳动力市场资源配置行为，应该按照法律法规的有关规定，采取合法的招聘行为。否则，就会因行为不当，发生损害对方权益的现象，从而使招聘目标与招聘结果出现偏差。

[**相关知识**]

■用人单位招聘的常见问题：

（1）未带营业执照副本。

（2）介绍信未盖单位公章。只有加盖公章的介绍信才是有效的招聘介绍信。

（3）试用期不符合法律规定。《劳动合同法》第19条规定，劳动合同期限三个月以上不满一年的，试用期不得超过一个月；劳动合同期限一年以上不满三年的，试用期不得超过二个月；三年以上固定期限和无固定期限的劳动合同，试用期不得超过六个月。助理职业指导师在检查《用人单位登记表》时要注意这一点。

（4）对应试人员收取报名费、资料费、培训等。这是严重违反《劳动法》和《劳动合同法》的行为。助理职业指导师对用人单位的现场面试要加强管理。

（5）月工资低于当地最低工资标准。助理职业指导师要熟悉当地的月最低工资标准。

[**小结**]

通过本单元的学习，助理职业指导师应该能够判别用人单位招聘目标与结果的偏差，找到产生偏差的主要原因，帮助用人单位建立符合其实际情况的招聘方案，协助用人单位实现招聘目标。

第 17 章　择业指导

1　能够对个体进行择业观念指导

助理职业指导师对求职者个体进行择业观念指导，目的让求职者树立正确的择业观，正确选择职业，为其成功就业奠定基础。

［**总操作程序**］

主要分五个步骤：了解择业取向→了解择业观念→判断择业观念是否正确→分析择业观念的问题类型→了解分析问题的原因→对求职者进行引导。

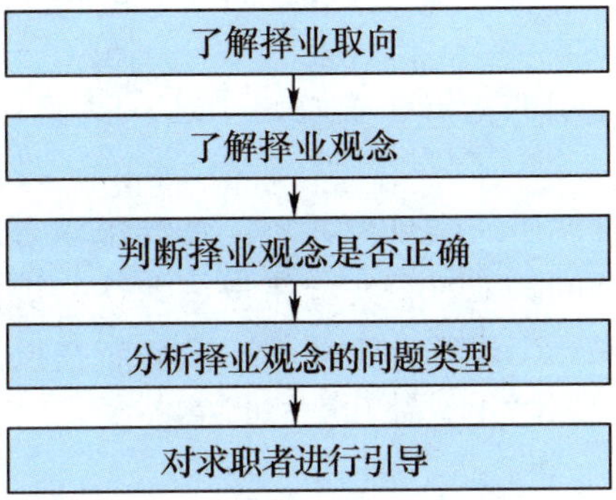

具体操作如下：

（1）了解择业取向。通过访谈或者相关的测评，可以根据霍兰德职业兴趣理论，将求职者确定为现实型、研究型、艺术型、社会型、企业型、常规型六种类型之中一种职业取向，并判断是否与其个人的心理特征相符合。

（2）了解择业观念。考查求职者在择业方面，是追求个人未来职业的发展潜力，还是追求实现自己的人生价值；是追求给个人带来的更多金钱，还是做个普通的劳动者。

（3）判断择业观念是否正确。在了解求职者的职业观后，通过与社会主流的正确择业观相对比，以确定求职者个体是否存在择业观问题。

（4）分析择业观念的问题类型。判断求职者个体择业观念问题属于哪类错误的择业观念，常见的错误择业观有好高骛远型、追求热门型、偏好国家机关型、偏好国有企业型、偏好大城市型、偏好一劳永逸型、墨守成规型等。

（5）对求职者进行引导。纠正求职者错误的择业观，帮助求职者树立“干一行爱一行”“行行出状元”和“劳动最光荣、职业无高低，干什么都是对国家建设做贡献”的正确择业观。

[**工作要点**]

■求职者个体择业观出现问题通常主要集中在几个常见的类型范围内，要判断属于哪一类问题，要找出原因，认真细致分析。

■引导求职者树立正确择业观，要结合个体的个性特征，结合社会发展，结合经济发展，结合人的职业道德建设。

[**注意事项**]

■要充分体现个性化服务的特点，耐心、细致地了解求职者个体的情况，不要对求职者一概而论，忽视特殊性，避免出现判断错误。

■可以使用面质技术，但是不要简单化。让求职者转变择业观念有时是很难的，不能简单否定，更重要的是要在否定中肯定。多以事实说话，不要只停留在理论层面的辩论。

■做求职者个体择业观的指导，要晓之于理，更要动之以情，不要只讲理，忽视情的作用。

■存在择业观念问题属于正常现象，不能责怪求职者，更不能采取批判的办法，强行改变求职者个体的择业观，防止采取违背认知规律的做法。

■择业观的转变需要一个过程，不能希望求职者在接受择业观念指导之后马上改变，形成新的择业观，防止急躁和要求过高。

[**相关知识**]

■常见的错误择业观念类型：

（1）好高骛远型。总期盼选择社会上要求更高的职业，而自己的能力又相对较低。

（2）追求热门型。总选择社会上求职人员比较集中，而且数量较大的职业，而不愿意选择求职人数少而分散的职业。

（3）偏好国家机关型。选择职业时，主要考虑到国家机关去工作，而不愿意到企事业单位工作。

（4）偏好国有企业型。在选择职业时，过于强调用人单位的国有性质，而对其他因素考虑较少。

（5）偏好大城市型。在选择职业时，不愿意到小城市或者偏远山区工作，而只选择大城市。

（6）偏好一劳永逸型。在选择职业时，不顾市场经济下用人制度的特征，选一个单位就期盼能够干一辈子。

（7）墨守成规型。有过就业经历的人，失业后不考虑劳动力市场的需求情况，还继续选择过去从事的职业。

［**小结**］

通过本单元的学习，助理职业指导师应该掌握为求职者个体进行择业观指导的工作程序、工作要点和注意事项，以及常见的错误职业观问题类型以便更好地帮助求职者转变择业观。

2　对毕业生择业困惑能够给予行之有效的指导

就业观念的偏差常常是导致毕业生不能成功就业的直接根源，求职途径和方法的欠缺也往往是造成毕业生遭遇就业困惑的重要原因。因此，紧密结合毕业生的实际问题，从树立正确的择业观出发，提供行之有效的求职途径和方法，将有助于毕业生的顺利就业。

［**总操作程序**］

主要分五个步骤：澄清毕业生的就业问题→探索就业观念→分析问题与观念之间的关联→协助调整择业观念→制定择业方案。

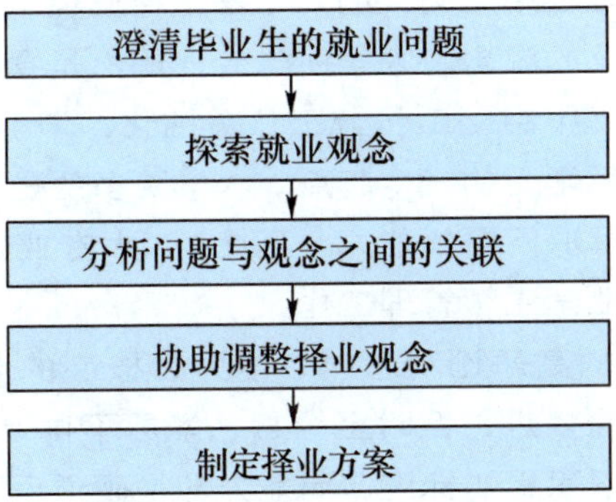

具体操作如下：

（1）澄清毕业生的就业问题。毕业生的问题往往都不是单一的，澄清毕业生问题的过程是，首先询问毕业生的咨询目的，引导他们列举出自己希望解释的问题，最后让毕业生决定自己最需要解决的问题是什么。

（2）探索就业观念。可以从两个方面入手：一是职业价值观，即自己最看重职业生活的哪些方面；二是求职方法，即如何看待达到自己的职业理想的方法和途径，即个体认识到的求职途径的范围。

（3）分析问题与观念之间的关联。毕业生遇到的就业问题都是与其不当的就业观念紧密相连的，因此，要引导毕业生看到问题与观念之间的联系，发现自己不合理的就业观念，让毕业生客观全面的分析问题。

（4）协助调整择业观念。针对认识的观念偏差，引导毕业生运用自我内部辩论、观念重建等方式，改进旧的择业观念，使之更适合自己未来的职业发展。

（5）制定择业方案。调整了择业观念，随之而来的是制定相应的择业方案。

［**工作要点**］

■必须全面了解大学毕业生的整体就业形势及相关政策和就业常识。

■应有基本的职业心理学知识基础，了解大学毕业生的心理特点，能够运用心理咨询中的认识改变策略。

［**注意事项**］

■充分理解、尊重毕业生的就业选择，不要过早运用自己的价值观对毕业生的就业观念进行价值评判。

■毕业生择业观念的转变可能需要一定的时间，因此，助理职业指导师要有足够的耐心。

［**相关知识**］

■大学毕业生就业过程中应树立的几个基本择业观念：

（1）“大专业”就业的观念。大学所学专业固然是择业的重要依据，但随着经济的发展，新职业层出不穷，工作分工日益细化，学习型社会强调终身学习，使大学所学专业成为今后学习的一个起点。大学更多的是培养一种综合能力，即发现问题、分析问题、解决问题的能力，因此，“大专业”就业观念更符合与时俱进的理念。如理工专业学生做管理工作。

（2）以学历为核心的高薪论观念向以能力为核心的高薪论转化。学而优则仕，这是多年来读书人的梦想，但时至今日，学历不再是划定薪酬的唯一标准，更多的代表着一个人学识积累的标识，而能力却是硬道理，学历高的人群中拿高薪的比例高但不是全部，是否能学以致用，在现实中将所学的东西转化成能力，成为薪酬的另一重要标准线。

（3）多维度的择业标准，长远发展的就业观。从校门走出去的大学生应有一个资本积累的过程，从经验、经历、能力等各个方面，进行资源再整合，因此首次求职，应从一个综合角度去衡量，而不是单-的以起薪高低、工作是否舒适等标准衡量工作。曾有一个学生这样对老师说：我对工作的要求不高，只是想挣钱多点、轻松点、专业对口点、稳定点……能符合这么多特征的工作现实中恐怕很难找到。即使是同一行业，不同岗位和职位的要求也有很大区别，可以先就业，干起来，再寻找适合自己的发展点。择业，然后立业。

（4）不唯单位性质论。经济的繁荣带动了新创小企业的发展，目前小企业已经构成我国新的经济增长点和就业增长点。大而全的单位需求增长速度远远落后于新生的初创小企业，而当今很多大企业也是从当年的小企业发展而来的，小企业工作机会、能力展示机会更多，舞台更大，“宁做鸡头不作凤尾”的俗语不无道理。

（5）学会生存、自力更生的观念。近几年来的大学毕业生多是吃洋快餐长大的一代，独生子女占的比例相当高，自立性较非独生子女差，他们既渴望自我实现又害怕失败，既雄心壮志地想独立，在心理和行为上又很依赖父母。他们对于就业没有一个完整的认识，加之中国传统的育儿观念，并不认为大学毕业后继续用父母的钱难为情，大部分毕业生尤其是城市毕业生的生存压力几乎为零，对于低于父母提供的生活费标准的工作根本不考虑，但要走向社会，学会生存是人的第一大本领，毕业生要想很好的发展，自力更生是必经之路。

■择业指导的原则：

（1）引导性原则。毕业生是择业指导的对象，也是择业活动的主体。要使择业指导工作有成效，就必须发挥毕业生的主体作用。择业指导只是一种外因，是一种辅助性因素，职业指导人员不可能把就业意识、就业观念简单地转化为学生个人的内在品质，也不可能决定学生的就业定向。择业指导实际上是在指导者的引导帮助下，学生自我认识、自我教育、自我提高的过程。

（2）优势原则。毕业生就业的过程，只有选择的职业能够与个人优势（包括兴趣、爱好、专业、特长、背景等）相结合，个人的聪明才智和潜能才能得以发挥，从事所选择的职业得心应手，成功的概率就大了许多。较为成熟的人职匹配理论更多地结合了这一方面特征。

（3）可行性原则。职业容纳能力及职业要求跟社会发展，经济形势密切相关。职业理想与毕业生个人现实能力往往有一定差距，因此在择业指导过程中应引导毕业生选择职业要考虑切实可行，不可脱离实际太远，好高骛远。

（4）发展性原则。职业选择不能只考虑眼前局部的、短暂的利益，而置长远发展于不顾。这方面不少人有教训。青年学生进行人生第一次职业选择，既要考虑当前就业，又要考虑所选择职业是否有利于自己长远发展。

（5）社会需要、国家需要与个人需要相结合的原则。大学生最终要通过社会来实现自己的追求，个人的职业发展不能脱离社会的大背景，在个人发展的同时追求国家的繁荣昌盛以及社会主义事业的成功。择业时充分考虑社会的需要，在社会需要、国家需要的岗位上更容易实现职业理想，比如，很多毕业生积极响应政府号召去西部就业、到基层就业，虽然面临艰辛但个人得到了很大发展。

■毕业生求职的常用渠道：

（1）应届毕业生招聘会。学校组织的供需见面会以及供需信息交流活动等针对性强、可靠性高、容易使双方达成协议。从往年的经验来看，这些信息是毕业生最终签约的主要信息来源。此外，国家主管部门组织的专门面向应届毕业生的招聘会，中标率仅次于校园招聘会，费用较低。

（2）报纸招聘广告。真实性、有效性较大，因为登广告是要花钱的，同时广告版面的大小也可以反映出企业的实力及对人才的需求程度。它的不足之处在于，如果单位好、职位好，竞争激烈，反过来也要警惕虚假招聘的陷阱。

（3）网络招聘。毕业生就业市场从有形向无形的转变，由政府主管部门主办的网上双选会是又一有效途径，在互联网时代，充分利用网上招聘信息，通过电子邮件投递简历与企业互选，争取更多机会。另外，许多专业人才网站也大都设立人才库，求职者可以把自己的简历挂到网站人才库中，可供用人单位招聘。再者，很多知名企业自己公开网络招聘，像 IBM 等一些企业注明只收网上投递的简历。无论何种形式的网上求职，其便捷、迅速是大家公认的，但虚拟与现实之间毕竟存在差距，这需要求职者尤其是涉世不深的毕业生保持高度的自我防范意识。

（4）毕业生还可以采取直接到单位自荐、寄发求职信、电话求职等方式联系单位。毕业生自我推销的本领很重要，但采取这些求职方式前要有足够的心理准备，耐受力是必备的。

（5）通过教学实习、社会实践等活动了解单位需求。每年都有通过实习确定了工作单位的毕业生，他们紧紧地抓住在实习、实践单位的机会，努力表现，如果双方合适，省心省力，是最简洁的求职方式。同时，经过一段时间的实习，对单位的领导、同事及各方面的情况都有些了解，正式进入后也便于工作的继续开展。

（6）服务机构。各级人力资源和社会保障部门公共就业服务机构以及其他非公共就业服务机构中，都设有提供需求信息、就业指导等部门，一些企业委托这些部门实施招聘，毕业生如果把自己的简历放一份到这些部门中，也不失为一种途径。但需要提醒的是，毕业生应确认此中介的正规性，切勿上黑中介的当，谨慎交纳中介费。

（7）社会关系。亲朋好友多渠道动员，打听招聘信息，通过亲友推荐择业，也是非常好的求职方法。有熟人介绍，对单位的状况也会有全面的了解。比如，专业老师那里也掌握着一些有效的需求信息，毕业生可以通过导师的介绍寻找工作单位。但这一条中自己的能力也是至关重要的，亲友的举荐只是提供一条捷径，不能躺在亲友的面子上“睡觉”，得到别人认可，需要自己的努力。

（8）自主创业。国家实行鼓励创业的就业方针，出台了一系列鼓励创业的优惠政策，毕业生可以依靠自己的资本、资源、信息、技术、经验以及其他因素创办实业，解决就业问题。

[**小结**]

通过本单元的学习，助理职业指导师应该能够引导毕业生分析就业观念的偏差，并协助他们进行适当的调整，制定新的求职方案。

第 18 章 用人指导

1 能够为用人单位提供日常招聘及其招聘后续服务

助理职业指导师对企事业用人单位招聘行为的指导，目的是使用人单位了解日常招聘的基本程序和内容，提高招聘工作的成功率。

[总操作程序]

主要分五个步骤：了解用人单位的有关情况→介绍日常招聘程序→提供信息查询服务→现场招聘与咨询接待→介绍招聘后续服务内容。

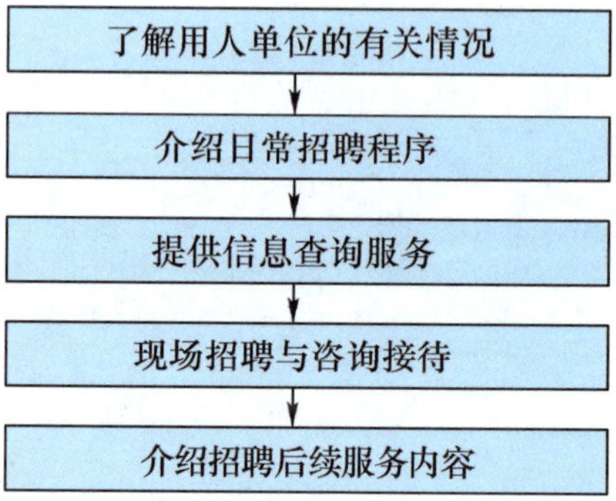

具体操作如下：

（1）了解用人单位的有关情况。包括：用人单位合法资格，即企业营业执照或事业单位法人代码证书；用人单位所有制性质，即属于国有、集体、股份、私营、外资、合营、个体等；用人单位生产经营与工作业务规模的情况；需求人员的数量、主要专业、工种岗位、男女比例、学历要求、年龄要求等；需求专业、工种岗位对应聘人员的从业要求，即身体状况、外观形象、职业素质、基本能力等；需求人员类型，即应届毕业学生、失业人员、退伍军人等。

（2）介绍日常招聘程序：

①验证单位法人资格。企业招聘必须持法人营业执照副本及复印件，事业单位必须持法人代码证书原件及复印件，歌舞厅、网吧等特殊行业必须持有关行政部门颁发的行业许可证或资质证。②查验负责招聘人员身份证明。单位负责招聘人员必须持有本人或法人身份证原件及复印件和单位介绍信。③填写单位招聘登记表。④指导用人单位编写招聘简章。按本单位空缺岗位从业条件要求和本地区人力资源素质的实际状况，提出招聘条件，同时，按本单位的招聘条件，提出拟

聘岗位的工资与各项相关待遇标准。

(3) 提供信息查询服务。指导用人单位利用计算机网络查询所需要的人员并负责将查询结果打印出来，协助单位对查询出的求职者进行联系，如果单位全部委托职业介绍服务机构进行招聘，助理职业指导师还要根据用人单位需要，安排面试。

(4) 现场招聘与咨询接待。接待应聘人员，通过面谈，初步了解应聘人员情况，填写登记表，确定应聘复试人选等。通过复试，可以更全面详细了解应聘人员情况，并考察其能力、业绩状况，最后确定适用人选。

(5) 介绍招聘后续服务内容。包括：①为已招聘人员办理招聘备案手续或档案关系及社会保险转移手续。②应聘人员一旦被聘用，聘用单位应与被聘用人员办理相关手续，签订劳动合同，为需要将人事档案关系存放在职业介绍服务机构或人才服务机构的求职者办理档案寄存手续。③对用人单位进行跟踪服务，及时推荐岗位需求人员。④为用人单位随时提供人力资源和社会保障政策咨询服务。

[工作要点]

■一定要严格审查用人单位的营业执照或其他法人资格，避免因虚假的招聘单位信息而使求职者的利益受到损害。

■要向用人单位讲清日常招聘的程序和手续，以免发生因手续不全或未按程序办事使用人单位多跑冤枉路的现象。

■要本着对用人单位负责的态度做好后续服务，千万不能一次了事。

[注意事项]

■日常招聘工作必须对供求双方负责，因此，要对单位登记的有效期做个限制，一般来讲，有效期为 1 个月，超过期限，用人单位需重新进行招聘登记。

■在服务期内，一定要向用人单位申明，如遇招聘内容变更等，应及时与职业介绍服务机构联系，以便更好地为用人单位和求职者服务。

■本着对求职人员负责的态度，要对用人单位的信息查询量进行合理限制，一般不得超过需求量的 3 倍。

■要告知用人单位在规定的期限内（一般为 10 个工作日）将招聘结果反馈给职业介绍服务机构。

[相关知识]

■招聘程序与招聘后续服务存在差异。

助理职业指导师应熟悉不同所有制性质企业的特点、用工方式、工资分配等情况。由于企业规模不同，企业的所有制性质不同，所在行业不同，企业招聘的岗位不同等，企业在招聘时的程序也会有一些差别。但是，不论何种单位，只要通过劳动力市场进行招聘活动，其招聘程序基本是相同的。

了解不同求职群体的特点是做好日常招聘工作和后续服务的前提。由于用人单位所招聘的对象不一样，招聘的程序也就有所不同，其招聘后续服务内容也有所差别，比如，招聘流动中的在职职工，要为他们解决档案和人事关系存放问题；招聘中等学历以下的毕业生要为他们办理招聘备案手续；招聘应届大学毕业生要认真审核人事和教育部门颁发的“高等学校毕业生就业报到证”；招聘复员退伍、转业军人要与复退、转业军人办事机构联系并办理相应的手续。因此，助理职业指导师必须掌握不同招聘群体的特点，明确其不同的招聘程序和内容，以便更好地为用人单位服务。

■信息查询。在计算机查询程序中，信息查询分为服务查询和自助查询。所谓服务查询，是指用人单位进行招聘登记后，通过计算机查询适合人选，以后逐个联系、招聘面试等，一切工作完全由职业介绍服务机构工作人员来完成。自助查询，是指一切招聘活动均由用人单位独立完成，职业介绍服务机构只是提供一般的接待服务或协助单位完成招聘工作即可。助理职业指导师必须熟悉这两种方法并据此进行招聘活动。

[小结]

通过本单元的学习，助理职业指导师应该能够为用人单位提供日常招聘服务，并根据开展招聘工作的具体情况提供相应的招聘后续服务，解决用人单位招聘的后顾之忧。

2 能够帮助用人单位选择招聘方式

适合的招聘方式是招聘成功的重要条件，助理职业指导师通过了解各种招聘方式的适用范围，帮助用人单位准确选用适当的招聘方式，满足其人员招聘的需要，以提高招聘成功的概率。

[总操作程序]

主要分五个步骤：了解用人单位的需求→分析招聘成功的可能性→介绍招聘方式的种类→确定适合的招聘方式→组织落实招聘计划。

具体操作如下：

（1）了解用人单位的需求。其中包括：①用人单位人员数量规模、主要专业、工种岗位结构状况。②用人单位主要专业、工种岗位人员流动情况及一般原

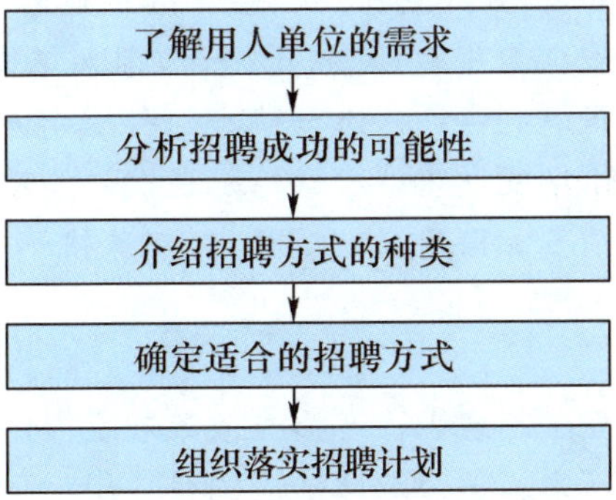

因。③用人单位目前急需招用的专业、工种岗位人员数量、职业素质、基本能力等从业条件要求。④用人单位对本次招用岗位工资、福利、社会保险与建立劳动关系的考虑。

（2）分析招聘成功的可能性。主要包括：①就用人单位提出的招用人的从业条件，招用岗位实际工作所需要的文化素质、业务与专业技术的复杂程度，应具备的技能水平，以及适应工作长远发展需要所应具有的发展潜力，具体分析其所提的从业条件合理性。②就用人单位对招聘岗位提供的工资、福利、社会保险待遇水平以及用人单位的社会声誉、工作环境、设施条件等因素，分析用人单位的招聘条件对求职者的吸引程度。③就用人单位劳动人事管理制度是否使应聘者具有职业安全感和向心力进行分析，预测应聘者的心理反应。④向用人单位介绍本地区劳动力供求状况，特别是劳动力的结构，并进行分析，提出劳动力供给的可能性。

（3）介绍招聘方式的种类。向用人单位介绍招聘方式的种类和内容。目前，常用的招聘方式有信息网络方式、媒体广告方式、洽谈会方式、集中招聘方式和中介机构代理招聘方式。

（4）确定适合的招聘方式。主要根据用人单位各方面的综合情况，其人员年度流动、变化情况，以及本地区劳动力市场的供求状况、工资价位、需求特点等，结合单位对人员的具体要求选择针对性强、操作性强的招聘方式。

（5）组织落实招聘计划。结合劳动力市场的实际，帮助用人单位组织落实拟定的招聘计划，为用人单位招到需要的员工。

［工作要点］

■必须详细了解用人单位的人员需求情况，除年龄、生理、学历、地区外，特别要注意了解需求人员的专业、工种岗位、人员类别、数量，这是决定招聘方式的重要条件。

■必须详细了解用人单位的规模、经营范围、所有制性质、近年来的经营状况，并就用人单位提供的工资、福利、社会保险待遇水平及用人单位的工作环境、条件、劳动保护和安全卫生等因素，分析该用人单位对劳动者的吸引程度。这是决定用人单位能否招聘到合适人选与确定何种招聘方式的前提。

■分析当前劳动力市场的供求状况，特别是提供能够满足单位需求的求职人员数量，防止不顾现实情况，盲目进行招聘，“剃头挑子一头热”。

[注意事项]

■帮助用人单位树立法制意识，严格按政策规定操作。用人单位招聘人员属于劳动力市场资源配置行为。按照法律法规的有关规定，劳动力资源市场配置过程中，招聘主体资格的确认，招聘手续、招聘程序、招聘方式以及招聘之后双方劳动关系的确定，都要依照法律法规的约束进行，否则，就会因行为不当发生损害对方权益的现象，导致劳动关系的不和谐。

■不论采用何种招聘方式，助理职业指导师必须告知用人单位一定要严格履约，保障劳动者的合法权益。用人单位招聘过程中允诺的条件，从法律的角度看，是用人主体一方向对方发出的法律要件，如双方合同成立，对要件内容必须按约履行。

[相关知识]

■常用的招聘方式：

（1）信息网络方式。即用人单位到本地区劳动力市场供求信息网络联网范围内的任何一家机构，通过网络信息的查询、匹配，联网中介机构的推荐，用人单位面试，实现招聘目的。这是目前国际通行的现代化的招聘方式。它最显著的特点是使供需衔接、匹配突破了时空和场所条件等方面的限制，以最快捷的方式实现供需匹配的成功。一般来讲，信息网络方式适用于用人单位招聘各种类型的人员，它在快捷的同时还便于用人单位对招聘人员的面试、业绩考察等环节的操作。

（2）媒体广告方式。即用人单位在有关大众传播媒体上刊登招聘广告，有意应聘者见广告后按要求去应试或寄送个人材料，面试合格后办理相关手续，招聘即告成功。这种方式的特点是，传递招聘信息快捷，范围较广，且对该单位有一种附带的广告效应，但费用较高，传播范围受媒体发行量的限制，供需沟通也受到一定的时空条件限制。此种方式适用于招用专业层次较高、有一定招用数量的情况。

（3）洽谈会方式。即由中介服务机构举办，通过媒体广告等方式告知供需双方，在预定日期、预定场所双方相互选择、洽谈、实现招聘与择业的方式。这种招聘方式的优点是供需直接见面洽谈，即时进行沟通，对对方的欲知事项，在短时间内即可了解。由于参会单位和应聘者比较多，双方的选择范围和余地比较大。其缺陷是，供需的衔接受时空条件限制较多，成功率不高。

(4) 集中招聘方式。即用人单位与人力资源提供单位协商后，用人单位直接与应聘者集中面试、洽谈。这种方式一般是指用人单位到各类学校或培训单位去选人、招聘，适用于大中型企业集中招用同一类型、素质条件相同的一般性人员。如采用这种方式，用人单位事先对应聘人员的适用条件要有基本了解。

(5) 中介机构代理招聘。即通过职业介绍服务机构代理进行招聘。用人单位可将招聘条件交付职业介绍中介机构，并办理代理招聘手续。中介服务机构按照招聘条件选到合适人选后，推荐给用人单位，用人单位根据面试情况作最后决定。

就指导用人单位招聘而言，一般不会出现什么特殊情况。只是在采用某种招聘方式时，可能会出现某种事先未考虑到的情况，如采用集中招聘方式时，可能会出现应聘人员数量过多、招聘秩序混乱等情况，对此，事先应有防范措施。另外，通过媒体招聘，可能会收到大量应聘信件无力处理、大量应聘人员来访而无力接待。对此，也应在对其指导中提出预案措施。

[小结]

通过本单元的学习，助理职业指导师应该能够根据用人单位的招聘需求，帮助其分析可行的招聘方式，以帮助他们顺利招聘到需要的员工。

3 能够指导用人单位办理招聘备案、签订劳动合同、缴纳社会保险等手续

为成功招聘的员工办理招聘备案，签订规范的劳动合同，缴纳社会保险是用人单位的义务。助理职业指导师在这些方面给予用人单位一定的指导，不仅可以规范用人单位的招聘行为，也是防止非法招聘行为的有效手段。

[总操作程序]

主要分为四个步骤：对招聘人员进行分类→签订劳动合同→办理招聘备案和档案关系→缴纳社会保险。

具体操作如下：

(1) 对招聘人员进行分类。这项工作主要是对已经录用的人员，按照其不同的身份进行划分，看其是属于在职职工、终止劳动合同或解除劳动合同转成失业人员，还是应届毕业的高中、技校、职高学生，或是其他类别。然后按照身份进行归类。因为以上人员都是必须办理招聘备案的，但是程序不尽相同，助理职

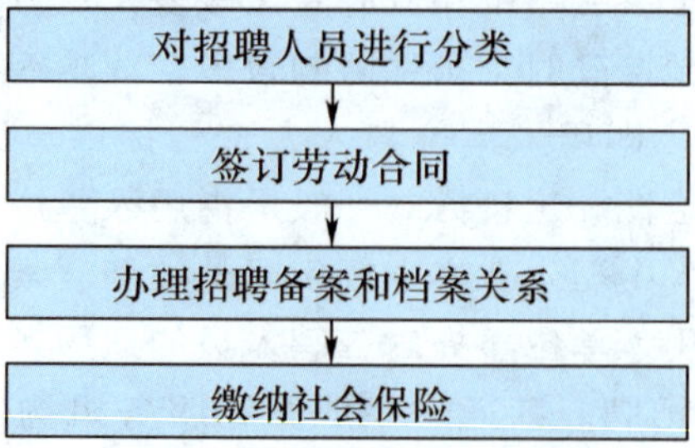

业指导师务必让用人单位明白这一问题，以免影响办事效率。

（2）签订劳动合同。指导用人单位签订劳动合同时，应告知用人单位要如实向劳动者说明岗位的用人要求、工作内容、工作时间、劳动报酬、劳动条件、社会保险等情况，以避免出现不必要的合同纠纷，影响企业的经济效益和劳动者的合法权益。

（3）办理招聘备案和档案关系。根据求职者的身份，为其办理相应的招聘备案手续并转移人事档案关系。

（4）缴纳社会保险。指导用人单位为职工申办社会保险或转移社会保险手续，并按规定缴纳社会保险费。社会保险包括养老保险、失业保险、工伤保险、医疗保险和生育保险。

［工作要点］

■用人单位招用职工应当办理招聘备案手续，同时按规定办理职工档案转移手续。

■用人单位与劳动者应按照《劳动合同法》的规定签订劳动合同，其根本目的是维护劳动者与用人单位双方的合法权益，充分体现劳动者的自主权利。劳动合同是劳动者与用人单位确立劳动关系，明确双方权利和义务的协议。劳动者与用人单位建立了劳动关系，就应当依照《劳动合同法》的规定订立书面劳动合同。

■用人单位和与之形成劳动关系的劳动者都必须参加社会保险，按规定缴纳社会保险费。

［注意事项］

■订立劳动合同，应当遵循合法、公平、平等自愿、协商一致、诚实信用的原则。依法订立的劳动合同具有约束力，用人单位与劳动者都必须履行劳动合同约定的义务。

■劳动合同必须以书面形式签订，双方各执一份文本，具有同等法律效力。

■社会保险费必须足额缴纳，不得拖欠。用人单位应当自成立之日起 30 日内凭营业执照、登记证书或者单位印章，向当地社会保险经办机构申请办理社会保险登记，并自用工之日起 30 日内为其职工申请办理社会保险登记。企业发生分立、合并、破产或者被撤销、解散时，应及时告知社会保险经办机构，并在 30 日内办理社会保险变更登记或者注销登记手续。用人单位不办理社会保险登记的，由社会保险行政部门责令限期改正；逾期不改正的，要对用人单位处应缴社会保险费数额 1 倍以上 3 倍以下的罚款，对其直接负责的主管人员和其他直接责任人员处 500 元以上 3000 元以下的罚款。用人单位未按时足额缴纳社会保险费的，由社会保险费征收机构责令限期缴纳或者补足，并自欠缴之日起按日加收万分之五的滞纳金；逾期仍不缴纳的，要处欠缴数额 1 倍以上 3 倍以下的罚款。

[**相关知识**]

劳动合同应当具备以下条款：

（1）用人单位的名称、住所和法定代表人或者主要负责人。

（2）劳动者的姓名、住址和居民身份证或者其他有效身份证件号码。

（3）劳动合同期限。

（4）工作内容和工作地点。

（5）工作时间和休息休假。

（6）劳动报酬。

（7）社会保险。

（8）劳动保护、劳动条件和职业危害防护。

（9）法律、法规规定应当纳入劳动合同的其他事项。

劳动合同除必备条款外，用人单位与劳动者可以约定试用期、培训、保守秘密、补充保险和福利待遇等其他事项。

劳动合同期限分为有固定期限、无固定期限和以完成一定的工作为期限三种。

■社会保险有关内容：

（1）新招收人员以本人到企业工作第一个月的工资作为当年缴费工资基数，并按规定的比例缴纳社会保险费；第二年缴费工资基数按本人上一年实发工资的月平均工资确定。

（2）失业后再就业人员以本人到新企业工作第一个月的工资作为当年缴费工资基数；从第二年起，按本人上一年实发工资的月平均工资作为缴费基数。

（3）被保险人在失业期间不缴纳养老保险费，重新就业后可继续缴纳养老保险费，失业后的缴费年限可合并计算。

（4）社会保险缴费比例，各省、市不是统一标准，助理职业指导师应按照本地规定缴纳社会保险费。

［小结］

通过本单元的学习，助理职业指导师应该能够指导用人单位办理招聘备案、签订劳动合同、缴纳社会保险等手续，指导和规范用人单位的招聘行为。

4 能够对用人单位岗位薪酬确立提出参考建议

助理职业指导师对用人单位岗位薪酬确立提出参考性建议，目的是让用人单位更贴近当今劳动力市场的薪酬，有利于促进用人单位招募、甄选成功，达到岗位资源的有效配置。

［总操作程序］

主要分四个步骤："四了解"→"三原则"→"两提供"→"一把握"。

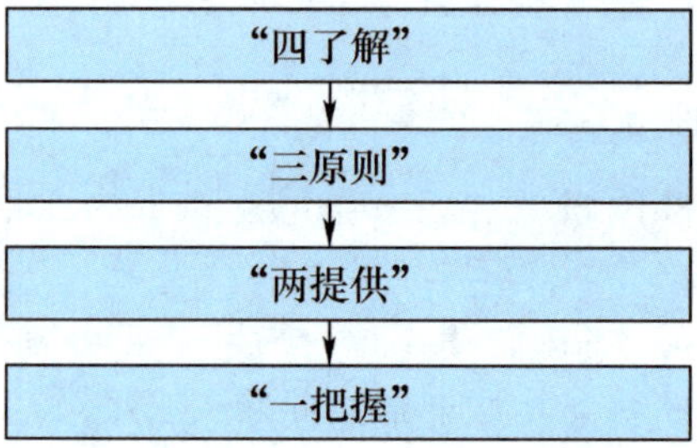

具体操作如下：

（1）"四了解"。主要是指从四个方面了解企业薪酬管理的基本程序，包括了解企业的薪酬目标，了解企业岗位分析与评价结果，了解不同地区、行业和类型企业的薪酬资料，了解企业薪酬结构的确定。

（2）"三原则"。薪酬原则实际上是企业给员工传递信息的渠道，也是企业价值观的体现。它直接告诉员工企业将为何种行为和结果提供报酬，员工在哪些方面提高时才能获得更高的薪酬等。目前，普遍认可的薪酬设计原则主要有三个方面：对外具有竞争力的原则、对内具有公正性的原则和对员工具有激励性的原则。

（3）"两提供"。是指：①提供本地最低工资和工资指导线文件。②提供本地劳动力市场工资指导价位数据。最低工资是基于法律设定的地区居民的工资框架。工资指导线是政府的经济宏观调控政策的框架。劳动力市场工资价位是调查得来的某一时期劳动力市场数据，具有重要参考价值。

（4）“一把握”。是指把握住当参谋的角色。在用人指导中，助理职业指导师承担着薪酬设计咨询行家的角色，这是就业服务专业化的神圣要求，但是，不可直接给企业拿方案、定框子，这是角色错位。助理职业指导师的主要任务是对不利于企业招聘的薪酬设计提出合理化修改建议，时刻记住，自己是个“参谋”，企业本身是“司令”，在战场上参谋是不能直接下达命令的，只有司令才能下达命令。

［工作要点］

■在这个工作过程中，最重要的有两点：一是手中有不断更新的全面的薪酬参考资料。二是劳动力市场的用人指导采用横向薪酬比较对照方法向用人单位提供参考建议。

■本章简单介绍的薪酬原理与技术是助理职业指导师必备知识，但在用人指导工作中千万不要完全陷入技术指导层面。

［注意事项］

■最低工资应以法定货币按时支付。

■下列各项不作为最低工资的组成部分：加班加点工资；中班、夜班、高温、低温、井下、有毒有害等特殊工作环境、条件下的津贴；国家法律、法规和政策规定的劳动者保险、福利待遇。

［相关知识］

■薪酬的含义。薪酬是员工为企业提供劳动而得到的各种货币与实物报酬的总和，可以包括工资、奖金、津贴、提成工资、劳动分红、福利等。

■国家薪酬福利保险的有关法规。企业在制定薪酬制度时，必须遵循国家薪酬福利保险的有关法规：

（1）最低工资。《劳动法》中明确规定：国家实行最低工资保障制度。所以，最低工资制度不仅是一项工资制度，也是一项法律制度，企业如果违反了它，将会受到法律的惩罚。“最低工资”是指劳动者在法定工作时间内提供了正常劳动的提前下，其所在企业应支付的最低劳动报酬。最低工资率是指单位劳动时间的最低工资数额。

（2）工资指导线。工资指导线制度是企业工资宏观调控办法改革的一项重要举措。政府运用工资指导线，对国有企业及其他各类企业的工资分配进行指导与调控，使企业工资增长符合经济和社会发展的要求，进一步促进生产力的发展，促进就业。工资指导线的基本内容：一是经济形势分析，包括国家宏观经济形势和宏观政策简析；本地区上一年度经济增长企业工资增长分析；本年度经济增长预测以及与周边地区的比较分析。二是工资指导线意见，包括本年度企业货币工资水平增长基准线、上线、下线。企业在生产经营正常的情况下，工资增长不应低于工资指导线所规定的基准线水平，效益好的企业可相应提高工资增长幅度。

（3）劳动力市场工资指导价位。劳动力市场工资指导价位制度是市场经济条件下，国家对企业工资分析进行指导和间接调控的一种方式。政府有关部门对各类职业（工种）工资水平进行广泛调查，经过汇总、分析和修正，公布有代表性的职业（工种）的工资指导价位，以规范劳动力市场供需双方的行为，从微观上指导企业合理确定劳动者个人工资水平和各类人员的工资关系。建立劳动力市场工资指导价位制度是市场经济国家的通行做法，有利于充分发挥市场机制对工资分配的基础性调节作用，促进市场均衡工资率的形成；有利于指导企业根据劳动力供求状况和市场价格，形成企业内部科学合理的工资分配关系；同时也有利于企业工资宏观调控体系建设。

企业薪酬设计过程。企业薪酬设计的总原则是让员工清楚地认识到他们所获得的薪酬和福利保险是企业成功发展的结果。一个现代企业应当坚持“对外具有竞争力，对内具有凝聚力”的原则，构建和完善企业的薪酬福利制度。

企业的薪酬设计与许多因素相关，比如，企业的薪酬原则和策略、地区及行业的薪酬水平、企业的竞争力、支付能力等都将会对薪酬的设计与管理产生重要影响。因此，企业薪酬设计是依据一系列的科学化原则，按照一定的步骤，如图18—1所示，几个环节环环相扣，每个环节都将对企业薪酬管理的结果产生直接的影响。

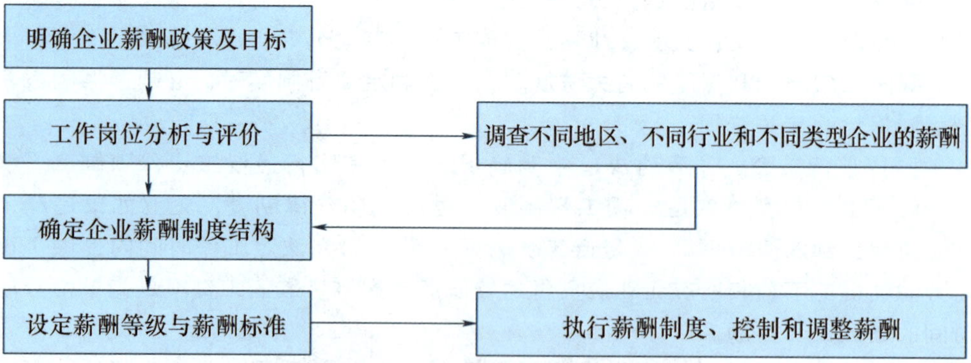

图18—1 企业薪酬管理的基本程序

（1）企业薪酬政策及目标。对企业的薪酬管理来说，首先要明确企业薪酬政策及目标，提出企业薪酬策略和薪资制度的基本原则，即应当明确企业是采用高薪资或低薪资政策，还是依照劳动力市场人力资源的平均价位，将本企业员工的薪资控制在一般水平上。企业薪酬政策必须与企业的总体人力资源策略相匹配，保持一致。

（2）工作岗位分析与评价。工作岗位分析与评价，是制定科学合理的薪酬制度的前提和依据。通过工作岗位分析与评价，能够明确岗位的工作性质、所承担责任的大小、劳动强度的轻重、工作环境的优劣以及劳动者所应具备的工作经验、专业技能、学识、身体条件等方面的具体要求，同时，根据工作岗位分析所采集的数据和资料，采用系统科学的方法，对企业内部各个层次和职别的工作岗位的相对价值做出客观的评价，并依据岗位评价的结果，按照各个岗位价值的重要性由高至低进行排列，以此作为确定企业基本薪酬制度的依据。表 18—1 显示了某企业工作岗位评价与员工薪酬水平的对比关系。

表 18—1　　某企业管理类岗位薪酬序列表

序号	岗位评价序列等级	年薪酬水平（元）
1	A	300 000
2	B	275 000
3	C	190 000
4	D	175 000
5	E	160 000
6	F	135 000

（3）调查不同地区、不同行业和不同类型企业薪酬。通过必要的市场调查，了解和掌握企业外部各种薪酬的影响因素，包括劳动力市场的人才竞争与供给状况、各行业的薪资水平以及其他企业所设立的薪酬福利保险项目等，以确保企业的薪酬制度对外具有一定的竞争性，对内具有一定的公平性。

（4）确定企业薪酬制度结构。根据工作岗位分析评价和薪酬调查的结果，以及企业的实际情况，可以确定本企业各级员工的薪酬结构，规划各个职级的薪酬幅度、起薪点和顶薪点等关键性指标。也就是说，工作岗位评价后得到了各岗位之间的相对价值，将其转换成具体的薪酬数额，明确各岗位的相对价值与实付薪酬对应的数值关系，通常这种关系用“工资（薪酬）结构线”来表示。图 18—2 为某企业工资结构线。

[**小结**]

通过本单元的学习，助理职业指导师应该掌握薪酬设计的基本知识和设计原理，能够帮助用人单位提供薪酬设计的相关帮助和咨询服务。

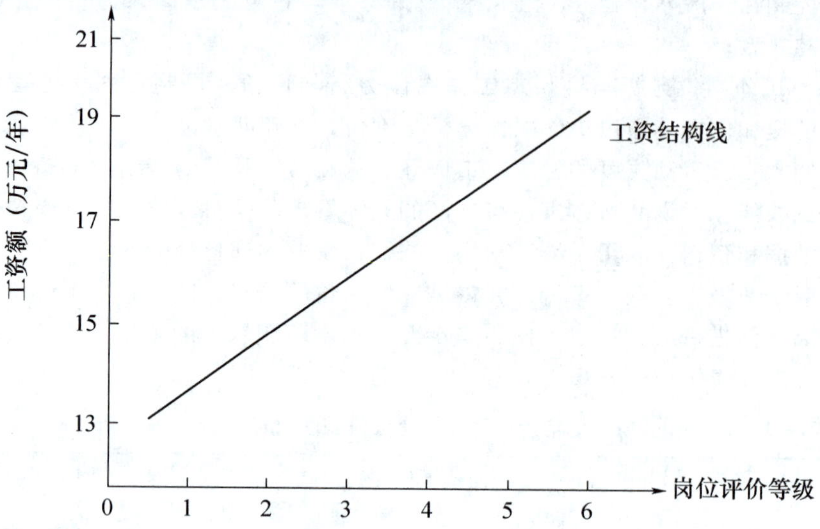

图 18—2 某企业工资结构线

5 能够对用人单位埠外招聘提供审核服务

审查用人单位埠外招聘工作的规范性是助理职业指导师的一项重要职责，通过相应的审核服务既可以帮助用人单位设计合理的招聘方案，也是规范用人单位招聘行为的重要途径。

[**总操作程序**]

主要分五个步骤：检验证件→评估服务→内容把关→质量保证→策略提醒。

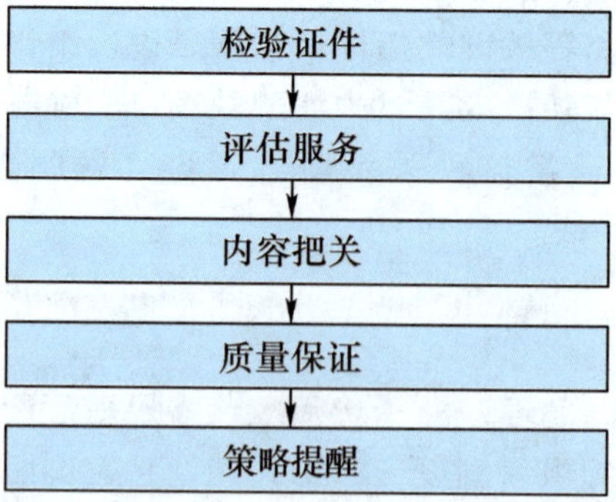

具体操作如下：

（1）检验证件。从招聘所需证件上验证，主要检验其手续是否完备，招聘简章是否真实可行。

（2）评估服务。招聘评估的内容，一是确保招聘地有充足的劳动力资源；二是突出招聘企业的竞争力，能在资源地招回人来。

（3）内容把关。首先从遵守国家关于平等就业的相关法律、法规和政策大方向把关。在招聘过程中，企业应严格遵守《劳动法》《劳动合同法》及相关劳动法规，坚持平等就业、互相选择、公平竞争，反对种族歧视、年龄歧视、信仰歧视，尤其对弱势群体、少数民族和残疾人等应该予以保护和关心，严格控制未成年人就业，保护妇女儿童合法权益。

（4）质量保证。从招聘条件上做质量保证服务，帮助企业审核招聘方案是否科学。坚持能职匹配的原则，坚持招聘的人知识、素质、能力与岗位的要求相匹配。俗话说：“骏马能历险，犁田不如牛。”一定要从专业、能力、特长、个性特征等方面衡量人职之间是否匹配。招聘时，贵在“能职匹配”。

（5）策略提醒。在招聘策略技巧方面给予提醒服务，招聘策略包括招聘地点策略、招聘时间策略、招聘渠道策略、招聘宣传策略的选择等。

［**工作要点**］

■对用人单位埠外招聘审核的重点是招聘手续的完备和招聘简章的吸引力，助理职业指导师要帮助企业做好评估服务，以完成单位的招聘的目标。

■提醒用人单位去外埠招聘时，应该熟悉和了解当地的相关政策，必要时提供信息咨询服务。

［**注意事项**］

■提醒用人单位不要盲目追求高学历人才，人职合理匹配才是招聘工作理想目标。

■利用职业介绍部门的信息优势为用人单位提供必要的本地和外埠劳动力市场资料。

［**相关知识**］

■招聘程序。人力资源招聘是一个复杂、完整、连续的程序化操作过程，是一项极具科学性、艺术性的工作。一般说来，招聘工作分为招募、筛选、录用、评估四个阶段。招募是企业为了吸引更多更好的应聘者而进行的若干活动，包括招聘计划的制定和审批、招聘信息的发布、应聘者申请等。筛选是指用人单位从职位需求出发挑选出最适合此岗位的人，包括审查申请资格、初选、考试、面试、体检、人员甄选等。录用是指企业对甄选出的人员初始安置、适应性培训、试用、正式录用等；评估则是指企业对整个招聘活动效益与录用人员质量的评估。

［**小结**］

通过本单元的学习，助理职业指导师应该能够为用人单位的外埠招聘提供审核服务，这不仅可以规范用人单位的招聘行为，也为用人单位成功招聘奠定基础。

6 能够对用人单位提供审核社会媒体招聘广告的服务

通过媒体广告形式向社会公开招募人才是目前运用最为广泛的人员招募方式，助理职业指导师能够为用人单位提供审核社会媒体招聘广告的服务，严格规范用人单位的招聘信息发布，以保障劳动力市场的正常招聘秩序。

［**总操作程序**］

主要分四个步骤：了解用人单位的招聘需求→选择媒体类型→选择刊登单位→评估广告的形式和内容。

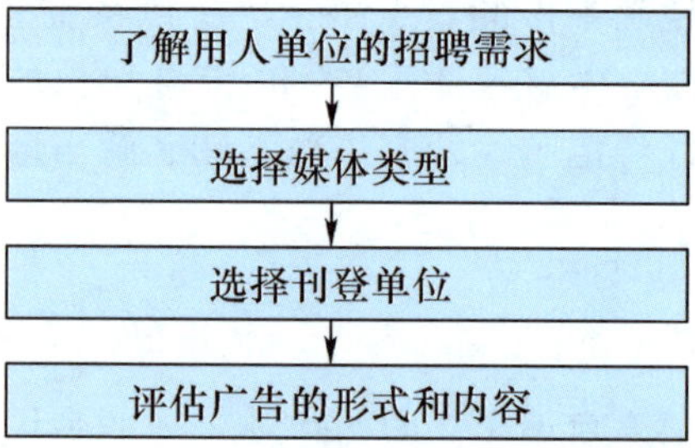

具体操作如下：

（1）了解用人单位的招聘需求。这是用人单位招聘广告发布的目的所在，也是助理职业指导师提供审核服务的基础。

（2）选择媒体类型。基本原则是选择最适宜的媒体，而不是最大或最知名的强势媒体。一般说来，可采用的广告媒体主要有报纸、杂志、广播、电视、网站、电子大屏幕、公共栏、专用信息墙以及随机发放的宣传材料等。选择时要考虑媒体本身承载信息传播的能力，即各种传播媒体的优缺点及其适用范围。

（3）选择刊登单位。帮助用人单位把握刊登广告单位的有效性，其中包括媒体的消费群体定位要准确，求职人群集中度高，尤其在当地要有一定影响力。

（4）评估广告的形式与内容。招聘广告的评估要把握四个原则，即能引起求职者的注意，能激起人们的兴趣，能激发人们求职的愿望，方便求职者的求职行为。

[工作要点]

为用人单位提供审核社会媒体招聘广告的服务，主要应把握刊登广告单位的有效性，做好媒体的定位。各种具体的传播载体都有其特定的消费群，因此应根据招募人员的媒体消费特征选择其最可能接触的媒体。

[注意事项]

对用人单位提供审核社会媒体招聘广告的服务，应能引起求职者的注意，方便求职者的求职行为。同时应把握“形象效应”要点。

[相关知识]

■主要媒体的特征分析，见表 18—2。

表 18—2　　招聘广告发布主要媒体的特点

媒体类型	优点	缺点	适用范围
报纸	标题短小精练；广告大小可灵活选择；发行地区集中；各种栏目分类编排，便于积极的求职者查找	容易被未来可能的求职者所忽视；集体的招募广告容易导致招募竞争的出现；发行对象无特定性；广告的印刷质量一般也较差	在招募限定于某一地区时；当可能的求职者大量集中于某一地区时；当目标求职者属于报纸的阅读群体时
杂志	专业杂志会到特定的职业群众手中；广告大小富有灵活性；广告的印刷质量较高；有较高的编辑声誉；时限较长，求职者可能会将杂志保存起来再次翻看	发行地域太广，故在希望将招募限定在某一特定地区时通常不能使用；广告的预约期较长	当所招募的岗位需要较高的专业背景时；长期、无地区限制的招聘岗位；当杂志组成的活动与单位的招募计划有关联时
广播电视	可以将求职者来源限定在某一特定地区；极富灵活性；比印刷广告更有效地渲染雇用气氛；能够比报纸和杂志更好地让那些不是很积极的求职者了解到招募信息	只能传递简短的招聘信息；缺乏持久性；需求不断地重复播出才能给人留下印象；广告设计和制作（尤其是电视）不仅耗时而且成本很高；为无用的广告接受者付费	当印刷广告缺乏目标求职者时；当职位大量空缺，潜在求职者集中于某一特定地区时；需要迅速扩大影响时

续表

媒体类型	优点	缺点	适用范围
招募现场的宣传资料	直接针对求职群体；极富灵活性；成本低；效果明显	作用有限，只对招募现场的求职者起作用	结合用人单位的现场招聘会、洽谈会和专场招聘会；其他招聘广告的辅助方式

■分析媒体单位的主要内容。在确定媒体发布形式之后，职业指导人员应进一步选择刊登招募广告的具体媒体单位，主要应把握以下几点：

（1）媒体的定位。各种具体的传播载体都有其特定的消费群，因此应根据招募人员的媒体消费特征选择其最可能接触的媒体。比如，招聘专业计算机技术人员的广告最好选择计算机专业杂志，而招募职业经理人则应选择为企业家和中外管理人员专门阅读的期刊。

（2）媒体的相关内容集中度。求职者在搜寻职位时往往集中关注于传播职位招募信息量较大的媒体，便于选择比较。因此，在选择招聘媒体时，应选择招募信息相对集中的媒体，尤其是在业界具有一定影响力的媒体。

（3）多种媒体并用。在大规模人员招聘或是人员招募难度较大时，用人单位可以采用多种媒体联合招募形式，力求尽可能地覆盖目标人群接触范围。随着互联网络的迅猛发展，大量在校学生和新一代知识人才都青睐网络带来的庞大信息，因此，用人单位可以借用网络形式实现招募信息的传递，包括专业招聘网络，高校、公司网站等。

［**小结**］

通过本单元的学习，助理职业指导师应该能够结合用人单位的招聘需求，帮助其确定和选择适当的广告发布形式，分析评定其广告内容，以帮助用人单位以最优化的方式发布招聘信息，顺利达成既定的招聘目标。

第七部分 信息的采集与处理

第 19 章 采集方案的设计与实施

1 能够识读职业供求采集信息常规报表及采集方案

识读职业供求采集信息常规报表及采集方案，主要是要熟悉填写报表的方法、信息采集方案的主要内容、基本构成项目的含义、方案设计的基本原则等。

[识读职业供求采集信息常规报表操作程序]

主要分三个步骤：了解识读报表的作用→了解报表的种类→了解报表的指标体系。

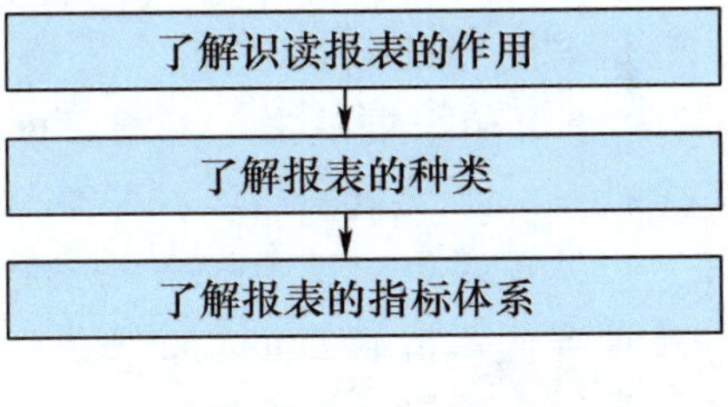

具体操作如下：

（1）了解识读报表的作用。识读职业供求采集信息常规报表的作用：一是使职业指导工作更加切合实际，根据需求进行指导，根据供需变化调整指导手段和方法，在岗位资源的有效利用和劳动力资源的有效配置上找到最佳的结合点，从而更加清晰地了解供需双方的差异和差距，为有效地争取供需平衡提供信息依据；二是根据劳动力市场的需求，可向职业培训机构提供培训方向、培训专业课程设置以及求职者培训的建议；三是理解其中所反映的客观需求的动态变化，感觉本地区经济发展的脉向、经济结构及发展速度的变化性质，为政府和领导决策提供依据。

（2）了解报表的种类。信息报表可以按照内容、报送对象和编制时间等不同标准进行分类。一是按照内容，报表可以分为岗位资源表、劳动力资源表、业务运行表和专题报表四类。二是按照保送对象，报表可以分为内部管理报表和对外报表。内部管理报表用于分析内部管理绩效，保证组织运行。对外报表是按照统一要求，对组织外部有关部门报送的报表。三是按照编制时间，报表可以分为反映某一特定时间劳动力市场状况的静态报表和反映某一特定时期的动态报表。

（3）了解报表的体系。报表一般包括标号、表格名称、项目、数据、时间、填表说明及填表人等要素。在表格中的分布为：表号在表格左上角；表格名称在表格上方居中；项目在表格第一行或第一列；时间在第一列或第一行，与项目对应形成一个二维坐标；填表人在表格右下方；填表说明在表格的背面或其他位置。

[识读职业供求采集信息采集方案操作程序]

主要分十个步骤：了解采集的总体目标→了解采集对象、采集单位和报告单位→了解采集的内容→了解采集的工具→了解方案实施的时间→了解采集的地域→了解采集的方式方法→了解采集人员的组织→了解采集经费的计划→了解采集工作的安排。

具体操作如下：

(1) 了解采集的总体目标。分为具体目的和社会作用目标。了解采集信息所要达到的具体目的可以从三个方面来考虑：一是通过信息采集要解决什么问题；二是解决到什么程度；三是只了解基本情况，还是要进一步探究因果关系，是做工作研究，还是要提出政策性建议等。了解采集信息所要达到的社会作用目标，即这次信息采集究竟要起到什么样的作用，是供决策参考，还是要影响社会舆论，是自己做科学研究，还是与同行进行争论。

(2) 了解采集对象、采集单位和报告单位。采集对象，就是根据采集目标而确定的需要进行调查的某个社会经济现象的总体。采集单位，就是所要调查的社会经济现象总体中的个体，也就是采集对象中的一个一个的具体单位。例如，要研究一个城市的劳动力供给情况，全市的劳动力就是采集对象，构成全市劳动力这个总体的每一个劳动力便是采集单位。报告单位，就是负责向统计采集机关提交采集资料的单位。如果是以社区（村）为单位采集劳动力资源信息，那么负责向上级报告采集资料的单位就是每一个社区居委会（村委会）。

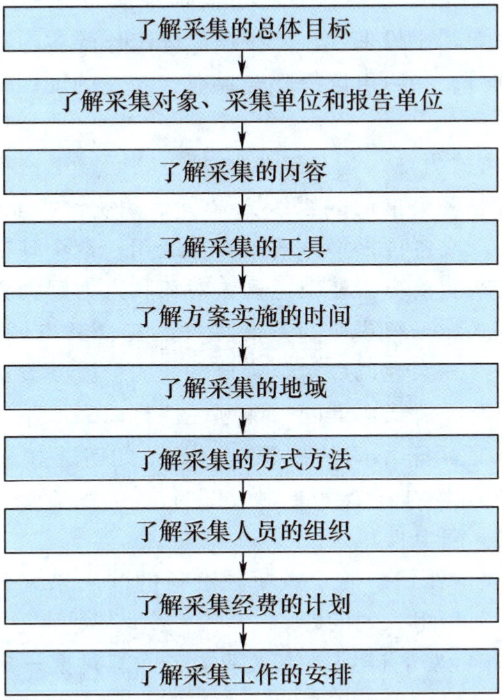

（3）了解采集的内容。主要是了解采集的指标体系，具体有两个方面：一是对确定的指标体系进行必要性分析。分析是否适合对劳动力管理制度进行研究，是否能够揭示劳动力市场运行状况。如果需要对现行的指标体系进行修改、补充和完善，是否需要建立新的指标体系。二是了解各项指标的抽象定义、操作定义、规范文字表述、约定范围、定义单位。其中，对分解出的指标应了解具体的评价标准和取值范围，对于有权重的指标体系应了解各指标的权重。

（4）了解采集的工具。工具是指指标的物质载体，设计的内容、指标最后都必须通过工具表现出来，如总体提纲、表格、问卷、各种量标和卡片等。此外，对采集过程中使用的物质手段，如照相机、录音机、摄像机等，也应提前做好安排和准备。

（5）了解方案实施的时间。即采集过程在什么时间进行，需多少时间完成。不同课题的信息采集方案有不同的最佳实施时间，如人口调查的最佳时间是人口流动最少的时期，市场交流状况调查的最佳时间是市场交易最活跃的时间等。另外，信息采集的方法和规模不同，工作的周期也不同。例如，试验法的周期就比观察法的周期长得多，在一个单位进行调查所需的时间就比在一个地区进行调查所需的时间少得多。因此，对于时间应事先进行科学选择和设计。

（6）了解采集的地域。即在什么地区采集信息，在多大范围内进行。采集区域的选择要有利于达到总体目标，有利于实地采集工作的进行，有利于节约人力、物力、财力和时间。一般来说，应根据总体工作的主、客观条件，先确定一个恰当的信息采集范围，然后再选择那些具有代表性的地区进行采集，并尽可能使地区相对集中一些。

(7)了解采集的方式方法。信息采集的方法包括搜集资料的方法和研究资料的方法。在我国，信息采集常用的组织方式有定期统计报表、普查、重点调查、抽样调查、典型调查，或各种采集方式的综合运用。这个环节中要注意的是，采集信息的方式要适应新的情况，要根据调查对象和人力财力条件的不同，灵活地结合运用各种采集方式。一般说来，凡是抽样调查、重点调查可以满足需要的，就不要进行全面调查；一次性调查可以满足需要的，就不要进行经常性调查。总体方法应适应课题的客观需要，但同一课题往往可以采取不同的总体方法，同一总体方法也往往可以适用于不同的课题。因此，如何选择最合适、最有效的方法，就成了设计总体方案的一个重要组成部分。常用方法有直接观察法、访问法、报告法、问卷法、网上搜集法。

(8)了解采集人员的组织。除个人单独进行的信息采集工作外，还要了解方案中人员的选择、培训和组织的问题。

(9)了解信息采集经费的计划。信息采集工作都需要一定的经费，要了解方案中如何筹集和使用经费，如何用最少的花费获得最大的成果。

(10)了解采集工作的安排。主要是了解任务和时间的安排。任务的安排要力求合理、平衡，符合承担者的实际能力；时间的安排，既要有紧张的节奏和合理的交叉，又要留有余地，以应付可能发生的意外。

[工作要点]

■识读职业供求采集信息常规报表及采集方案就是要全面了解其各项指标和计划，为实施信息采集工作打好基础。

■对方案的识读要具体到每个项目，对于有异议和疑问的项目要协商修改。

[注意事项]

■信息报表和采集方案一定要严格遵循有关的规范格式。

■注意分析表格的真实性和方案的可行性。

[相关知识]

■报表的目的。信息报表是向有关部门报告劳动力市场研究成果、运行状况以及内部工作管理、信息交流的重要文件，也是有关各方进行合理决策或采取适当管理措施的依据。

■报表的作用。根据使用者对信息的不同需求，报表可以起到如下作用：

（1）职业供求采集信息常规报表提供的信息资料可以为政府劳动力主管部门和有关机构分析劳动力需求、制定促进就业的政策、制定和修改各项政策及规章制度、进行宏观调控和管理提供重要依据。

（2）职业供求采集信息常规报表提供的信息资料是劳动力市场加强业务管理的重要依据。报表可以全面、系统、完整地反映劳动力市场运行状况，可以为准确了解、检查和分析劳动力市场各项发展计划的执行情况提供必要的资料，便于领导及时发现问题，迅速做出决策，采取有效措施，改善和加强业务管理，确保工作全面、圆满完成。

（3）职业供求采集信息常规报表提供的信息资料是劳动力市场的相关资源，是求职者、用人单位、培训机构、社会各界了解劳动力供需和劳动力市场运行的重要依据。通过报表的发布，有关各方能够做出相应的决策。

■报表的分类。按照内容，报表可以分为岗位资源表、劳动力资源表、业务运行表和专题报表四类：

（1）岗位资源表一般分为单位的基本情况和岗位需求情况。用人单位的基本情况主要包括用人单位的名称、所在地区、所属行业、经济类型、经营状况、联系方式等；岗位需求情况主要包括对应聘人员的地区要求、专业要求、年龄要求、技能和学历要求、工作经历要求等；用人单位的承诺，如工资、福利待遇、假期等；其他条件，如招聘时间等。

（2）劳动力资源表一般分为劳动力的基本情况和求职愿望情况。劳动力的基本情况包括劳动力的姓名、性别、年龄、文化程度、技能水平、学历学位、工作状况、身体状况、特长等；劳动力的求职情况包括对岗位、行业、单位经济类型等求职愿望，对报酬、福利待遇和劳动力保护条件等要求，对供职地域、住宿交通等要求。

（3）业务运行表一般包括机构运行情况和工作人员个人工作量情况表。机构运行情况包括办理单位招聘登记总数、办理招聘工种总数、岗位总数、召开现场洽谈会次数、求职登记总数、推荐报名总数、推荐成功总数、成功率等；工作人员个人工作量情况包括办理求职登记数、办理招聘登记数、推荐数、成功数、职业指导数等。

（4）专题报表一般包括单位劳动力需求情况分析表、劳动力供给情况分析表、劳动力供需双方总量对比情况分析表和供求排行榜。单位劳动力需求情况分析表包括单位劳动力需求情况按产业分组、按行业分组、按用人单位经济类型分组、按职业分组、按性别分组、按年龄分组、按文化程度分组、按技术等级分组等情况分析表；劳动力供给情况分析表包括劳动力供给按人员类别分组、按职业分组、按性别分组、按文化程度分组、按年龄分组、按技术等级分组等情况分析表；劳动力供需双方总量对比情况分析表包括劳动力供需双方总量对比、影响劳动力供需各因素的对比（职业类别、性别、年龄、文化程度、技术等级）、劳动力市场供求缺口统计分析（劳动力需求大于供给缺口最大的十个职业、劳动力需求小于供给缺口最大的十个职业）等。

■采集方案中常用的信息采集方式。我国信息采集常用的组织方式有定期统计报表、普查、重点调查、抽样调查、典型调查及各种采集方式的综合运用。

（1）定期统计报表是我国信息采集的一种重要组织形式，它是按照国家的有关规定，自上而下统一布置、自下而上逐级按照统一要求提供基本统计资料的一种报告制度。

（2）普查是国家为了详尽地了解某项重要的国情国力而专门组织的一次性全面信息调查。

（3）重点调查是一种非全面调查方式，即在所要调查的总体中选择一部分重点单位进行调查。

（4）抽样调查也是一种非全面调查方式，是按照随机原则从调查总体中抽取一部分单位进行调查，根据调查取得的样本资料来推算总体数据的调查方式。

（5）典型调查是指在调查对象中有意识地选出个别或少数有代表性的典型单位，进行深入、周密的调查研究。

［小结］

能够识读职业供求采集信息常规报表及采集方案，是助理职业指导师的“看家”本领，这是做好职业介绍工作的重要环节，是开展职业指导工作的必要手段，也是指导培训的有效途径。

2 能够根据采集方案访问调查、实地观察，采集劳动力市场供求信息

劳动力市场供求信息的采集是职业介绍服务机构的一项长期任务，助理职业指导师要熟悉访问调查法、实地调查法的基本概念和方法，能够根据采集方案的要求，组织实施访问调查和实地调查。

［能够根据采集方案访问调查，采集劳动力市场供求信息的操作程序］

主要分五个步骤：制订访问提纲→确定访问对象→确定访问时间和地点→访问交谈→整理访问记录。

具体操作如下：

（1）制订访问提纲。根据调查目的，准备好详细的访问提纲和问题。进行

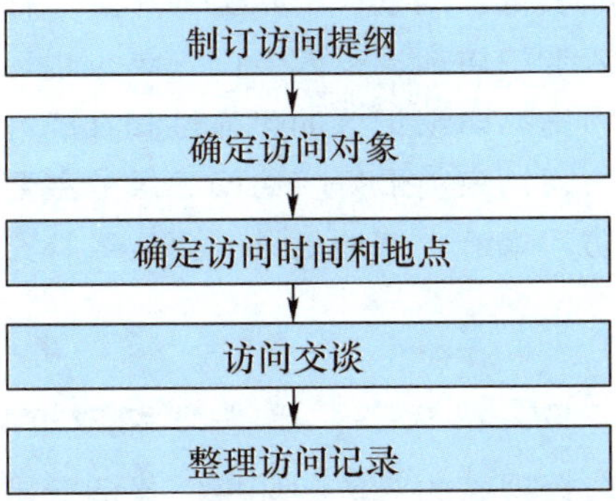

标准化访问，必须熟悉统一设计的问卷；进行非标准化访问，应把粗线条的访问提纲具体化为各种访谈问题。此外，在访谈过程中，被访问者有时会与你讨论有关调查内容的种种问题。如果你的知识丰富就能做深入交谈，被访问者回答问题的积极性就会越来越高；反之，如果一问三不知，被访问者就会失去与你交谈的兴趣，甚至随便应付你。

（2）确定访问对象。要选准访谈的具体对象，并尽可能充分地了解被访问者。访问对象的选择要服从访问内容的需要，要找那些最了解情况的人来回答最适合的问题。选准访谈对象后，要在可能的条件下，尽可能多地了解被访问者的姓名、年龄、职业、文化程度、专长、经历、性格、习惯、兴趣、爱好，特别是当前的思想情况和精神状态等，这对于正确选择访谈方法和灵活运用访谈技巧具有重要意义。

（3）确定访问时间和地点。访谈时间的选择应因人而异，一般来说，最佳访谈时间是被访谈者工作、劳动、家务不太繁忙，而且心情比较舒畅的时候。访谈的地点和场合的选择，应以有利于被访问者准确回答问题和畅所欲言为原则。这样可便于被访问者寻找或核实准确回答问题的有关材料。至于访问的具体场合，最好是能单独与被访问者个别交谈，这样可避免其他人的干扰，有利于双方畅所欲言。

（4）访问交谈。访问交谈应建立在良好的人际关系基础之上，理解、尊重、平等则是建立良好人际关系的必要基础。首先要表明来意，消除疑虑。主要是介绍自己的身份，说明调查的目的、意义和内容，讲清选择被访问者作为调查对象的理由和方法，努力消除对方可能有的种种疑虑和顾虑，使被访问者相信自己完全应该而且有能力回答问题，这应该贯彻访谈过程的始终。在访谈过程中，访问者应以适当的态度提出问题，并有礼貌地听取被访问者的回答；在访问结束后时，要表示感谢，说明已有的收获和再访的可能。要平等交谈，对于一切有争论、有不同看法的问题，只能做一些中性的反应。

（5）整理访问记录。标准化访问的记录按照规定的记录方式，把访问者的回答记录在事先设计好的表格、问卷、卡片上即可。非标准化访问，可以采取两人一起访问的办法，一人专门访谈，一人专门记录，也可以用录音机来录音，但一定要征得对方同意。为提高访谈记录的可靠性和准确性，同时也为了消除被访问者可能有的疑虑，在访问结束前最好将访问记录的主要内容，特别是那些容易发生差错的部分念给被访问者听，请他复核、更正或补充。在访问结束后，应尽快整理访谈记录。

[能够根据采集方案实地观察，采集劳动力市场供求信息操作程序]

主要分三个步骤：选择观察的对象和环境→灵活安排实地观察程序→及时做好观察记录。

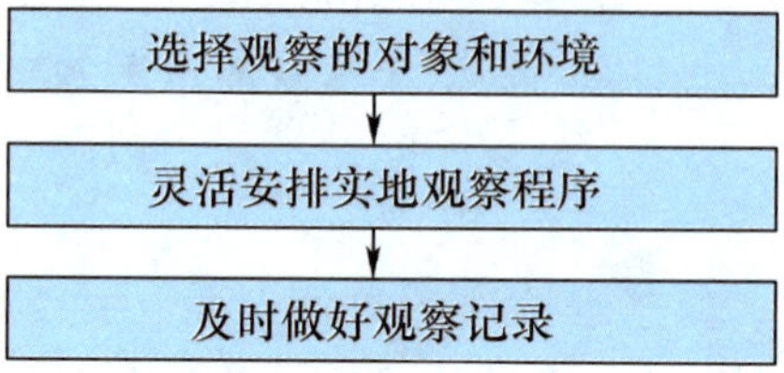

具体操作如下：

（1）选择观察的对象和环境。为了使观察结果具有典型意义，应该选择那些典型环境中的典型对象作为观察重点，选择恰当的观察时间和场合。在不同时间、不同场合对同一社会现象进行观察，往往会得到不同的观察结果。进行实地观察要注意选择最佳观察时间和最佳观察场合，其观察结果就非常真实、具体、准确，根据这样的观察材料写出的调查报告，就必然具有很强的说服力。

（2）灵活安排实地观察程序。实地观察的程序一般有三种安排的方法，即主次程序法、方位程序法和分析综合法。主次程序法就是先观察主要对象、主要部分、主要现象，再观察次要对象、次要部分、次要现象。方位程序法就是按照观察对象所处的位置，采取由近到远或由远到近、由左到右或由右到左、由上到下或由下到上等方法逐次进行观察。分析综合法就是先观察事物的局部现象，后观察事物的整体，或者先观察事物的整体，后观察事物的局部，然后再进行综合或分析，做出观察的结论。

（3）及时做好观察记录。进行实地观察，一般都应做观察记录。记录的方法最好是同步记录，即在现场观察的同时记录下观察到的内容。如果不宜在现场做记录，就应在观察之后尽快追忆。记录的内容可以具体、客观，不要用总结的话，也不要用抽象的修饰语，尽量具体描述，降低推理水平，尽可能避免把活动参加者的描述和翻译作为自己的语言使用；也可以简明，只记录下主要的事实和情节，而且还可扼要地记下自己的主要感受和看法。

［工作要点］

■访问调查的结果和质量，在很大程度上取决于访问者的素质，取决于被访问者的合作态度和回答问题的能力。

■把观察和思考紧密结合起来。观察是以一定的目的和理论为指导、一定知识和经验为基础的认识活动，在实地观察中，要善于把观察和思考结合起来，在观察中思考，在思考中观察；要善于把观察与比较结合起来，在观察中比较，在比较中观察。只有这样，才能捕捉到许多有价值的观察材料。

■访问调查和实地观察中，在记录内容上应抓住以下几点：

(1) 记要点，即主要事实、主要过程、主要经验、主要教训、主要观点、主要意见等。

(2) 记特点，即具有特色的事件和情节，具有个性的语言和表情。

(3) 记疑点，为不打扰对方的思路和谈话，应把各种有疑问的问题记录下来，留待访谈后期询问，或访问后再去做调查。

(4) 记易忘点，如人名、组织的名称、时间、地点，以及各种各样的数据等。

(5) 记自己的主要感受点，如访问者片断的思索、联想和感受，自己思想的“闪光点”。

［注意事项］

■对于某些敏感问题、尖锐问题和隐私问题，因为不能匿名，不宜当面询问。

■社会调查的其他一些方法，如集体访谈法、特尔菲法、问卷调查法、民意测验法等，实质上都是访问调查的延伸和发展。

■访问调查获得的许多材料，需要进一步查证、核实。

■访问调查费人力、费财力、费时间，因此，它只适于在较小范围内使用。

■在实地观察法中，要努力减少观察活动对被观察者的影响。

［相关知识］

■访问调查法及其特点。访问调查法，也称访问法、访谈法，就是访问者通过口头交谈等方式向被访问者了解社会实际情况的方法。访问调查，一般都是访问者向被访问者做的面对面的直接调查，是通过口头交流方式获取社会信息的口头调查。

访问调查的最大特点在于，整个访谈过程是访问者与被访问者相互影响、相互作用的过程。在访问过程中，访问者不是尽量减少对被访问者的影响，而是积极影响被访问者，并努力掌握访谈过程的主导权，尽可能使被访问者按照预定计划回答问题。

访问调查的目的是了解社会实际情况。要取得访问调查的成功，访问者不仅要认真做好访谈前的各项准备工作，而且要善于人际交往，熟练掌握访谈技巧，并有效控制整个访谈过程。

■访问调查法的种类：

（1）根据访问内容的不同，可分为标准化访问和非标准化访问。

标准化访问，也称结构性访问，就是按照统一设计的、有一定结构的问卷所进行的访问。这种访问的特点是：选择访问对象的标准和方法，访谈中提出的问题，提问的方式和顺序，以及对被访问者回答的记录方式等都是统一设计的，甚至连访谈的时间、地点、周围环境等外部条件，也力求保持基本一致。好处是，便于对访问结果进行统计和定量研究，便于对不同被访问者的回答进行对比分析。但是，这种访问方法缺乏弹性，难以灵活反映复杂多变的社会现象，难以对社会问题进行深入探讨，同时也不利于充分发挥访问者和被访问者的积极性、主动性。

非标准化访问，也称非结构性访问，就是按照一个粗线条的访问提纲所进行的访问。这种访问方法对访问对象的选择和访谈中所要询问的问题有一个基本要求，但可根据访谈时的实际情况做必要调整。至于提问的方式和顺序、对回答的记录、访谈时的外部环境等，都不作统一的规定和要求，而由访问者根据具体情况灵活处理。非标准化访问有利于充分发挥访问者和被访问者的主动性、创造性，有利于适应千变万化的客观情况，有利于调查原设计方案中没有考虑到的新情况、新问题，有利于拓宽和加深对社会问题的研究。但是，这种方法对访问者的要求较高，对访问结果难以进行定量分析和对比研究。

（2）根据访问方式不同，可分为直接访问和间接访问。

直接访问，是指访问者与被访问者进行面对面的交谈。这种访问方法又可分为“走出去”和“请进来”两种具体形式。“走出去”就是访问者到被访问者中去进行实地访问；“请进来”就是将被访问者请到访问者安排的地方来进行访问。一般来说，“走出去”的形式能获得更多的社会信息。

间接访问，就是访问者通过电话或书面问卷等工具对被访问者进行访问。电话访问在发达国家使用较多，其优点是时间快、费用省、保密性强，但只能询问比较简单的问题，对没有电话者无法使用。

■实地观察法及其特点。实地观察法是观察者有目的、有计划的自觉认识活动。实地观察主要是观察者单方面的认识活动，被观察的对象不管是人还是物，一般都是被动的处于观察者的观察中。因此，要取得良好的观察效果，观察者必须有明确的观察目的和周密的观察计划，必须掌握一定的科学知识，具备一定的实践经验和观察技能。在实地观察中，还必须按照制定计划进行系统、周密的观察。

实地观察还是运用一定观察工具进行的调查活动。实地观察的工具可分为两类：一类是人的感觉器官，其中最主要的是视觉器官——眼睛。此外，人们还可以通过耳、鼻、舌、身等感觉器官直接感知外部的客观事物。另一类是科学的观察仪器，如照相机、摄像机、望远镜、显微镜、录音机、探测器、人造卫星等。这些科学观察仪器，实质上是人的感觉器官的放大和延长。实践证明，观察工具的状况对观察结果往往会产生重大影响。

观察过程是一个能动的放映过程，不仅是人的感觉器官直接感知的过程，而且是人的大脑积极思维的过程。实地观察的对象应该是处于自然状态下的客观现象，应尽可能保持非人为的自然状态，反之，就会失去实地观察的意义，甚至有可能做出错误的观察结论。

■实地观察的种类：

（1）根据观察者是否参与被观察者的社会环境和社会活动，实地观察可分为参与观察和非参与观察。

参与观察也称局内观察，就是观察者参与到被观察者的社会环境、社会关系之中，并通过与被观察者的共同活动从内部进行观察。参与观察按照参与程度不同，又可分为完全参与与观察和不完全参与观察。完全参与观察，就是观察者完全参与到被观察者的社会群体之中，作为其中一个成员进行活动，并在这个群体的正常活动中进行观察。不完全参与观察，就是观察者部分参与到被观察者群体之中，以半“客”半“主”身份进行活动，并通过自己的活动来进行观察。

（2）根据观察内容是否有统一设计的、有一定结构的观察项目和要求，实地观察可分为有结构观察和无结构观察。

有结构观察也称有控制观察或系统观察，它要求观察者事先设计好观察项目和要求，统一制定观察表格或卡片。

无结构观察也称无法控制观察或简单观察，它只要求观察者有一个总的观察目的和要求，或一个大致的观察内容和范围，然后到观察现场去根据当时的具体情况有选择地进行观察。

有结构观察能获得大量、翔实的观察材料，并可对观察材料进行定量分析和对比研究，但它缺乏弹性，而且比较费时；无结构观察比较灵活，适应性较强，而且简便易行，但观察所得的材料比较零散，无法进行定量分析和严格的对比研究。

此外，根据其他标准，实地观察还可分为静态观察和动态观察，定性观察和定量观察，探索性观察和验证性观察等。

■实地观察的一般原则：

（1）客观性原则。只有按照客观事物的本来面目进行观察，才能正确认识事物。这是进行实地观察的首要的和最基本的原则。

（2）全面性原则。要从不同侧面、不同角度、不同层次进行多方面观察，了解客观事物的全貌。观察的全面性，是观察客观性原则的内在要求。

（3）深入性原则。要进行深入、细致的观察。如果观察者仅仅满足于“沿着大路走马观花”，仅仅停留在事物的表面“浮光掠影”，那么，就有可能上当受骗，做出片面的甚至错误的观察结论。

（4）持久性原则。要进行客观、全面、深入的观察，就必须坚持观察的持久性。对于许多复杂的社会现象来说，要得到正确的调查结论，往往需要坚持长达数日、数月、数年甚至更长的时间的实地观察。

（5）遵守法律和道德原则。《中华人民共和国宪法》规定，公民的人身自由不受侵犯，禁止非法限制公民的人身自由；公民的住宅不受侵犯，禁止非法入侵公民的住宅；公民的通信自由和通信秘密受法律的保护，任何组织或者个人不得以任何理由侵犯公民的通信自由和通信秘密等。在实地观察过程中，一定要遵守宪法和其他法律的有关规定，同时还应该遵守一般的道德规范，决不可在违背被观察者意愿的情况下，强求观察他人的私生活，或偷看他人不愿让人观察的事物或现象。

［**小结**］

通过本单元的学习，助理职业指导师应该能够规范运用调查访问和实地观察的方法采集劳动力市场的供求信息，完成定期的信息采集任务。

第 20 章 信息的整理与分析

1 能够对劳动力市场供求信息进行甄选及分类整理

对劳动力市场供求信息进行甄选及分类整理，就是要运用科学的方法，对调查所获得的劳动力市场供求信息进行审查、检验、分类、汇总等初步加工，使之系统化和条理化，并以集中、简明的方式反映调查对象总体情况的工作过程。助理职业指导师应掌握文字资料和数字资料的审查和分类整理的基本原理和技术，了解资料整理的原则。

[对文字资料进行甄选及分类整理操作程序]

主要分三个步骤：审查→分类→汇编。

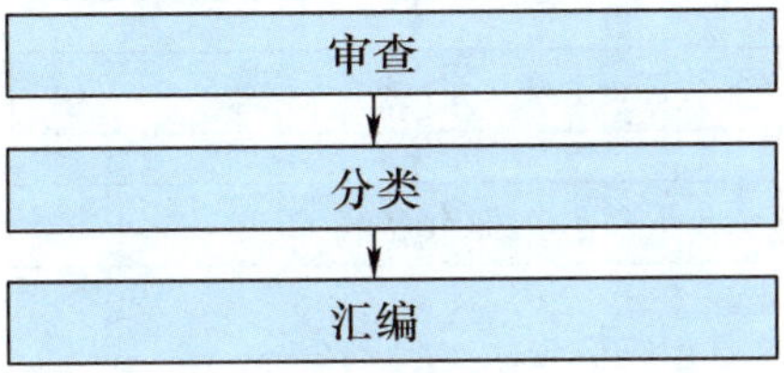

具体操作如下：

（1）审查。就是仔细推究和详尽考察文字资料是否真实和合乎要求，它主要解决文字资料的真实性和合格性问题。这里要注意两点：

一是对文字资料的真实性审查，就是指通过细究和考察以判明调查所得的资料、观察和访问记录等文字资料本身的真伪。一般采用外观审查、内含审查两种方法。

二是对文字资料的合格性审查，主要是审核文字资料是否符合原设计要求。如果对调查指标理解错误，计算公式不正确，计量单位不统一，或者回答不完整、不符合要求，甚至答非所问等，都应列入不合格的调查资料。

对不真实或不合格的调查资料，一般应进行补充调查，使之成为真实的、合格的调查资料。在无法进行补充调查时，应坚决剔除，弃之不用，以免影响整个调查资料的真实性和科学性。

（2）分类。文字资料的分类，就是根据文字资料的性质、内容或特征，将相异的资料区别开来，将相同或相近的资料合为一类的过程。分类的正确性取决于分类标准是否科学。在进行文字资料分类时要掌握两种方法，即前分类和后分类。

前分类，就是在设计调查提纲、调查表格或调查问卷时就按照事物或现象的类别设计调查指标，然后再按分类指标搜集资料、整理资料。这样，分类工作在调查前就安排好了。如有结构观察的卡片、标准化观察的记录、问卷中的封闭式回答等大都采取前分类的方法。

后分类，是指在调查资料搜集起来之后，再根据资料的性质、内容和特征，将它们分别集合成类。如文献调查的资料、无结构观察和非标准化访问的记录等，一般都无法事先做出明确的分类，只有在搜集资料之中再去做分类工作。

（3）汇编。就是按照调查的目的和要求，对分类后的资料进行汇总和编辑，使之成为能反映调查对象总体客观情况的系统、完整、集中、简明的材料。

[对数字资料进行甄选及分类整理操作程序]

主要分三个步骤：检验→分组→保存备份。

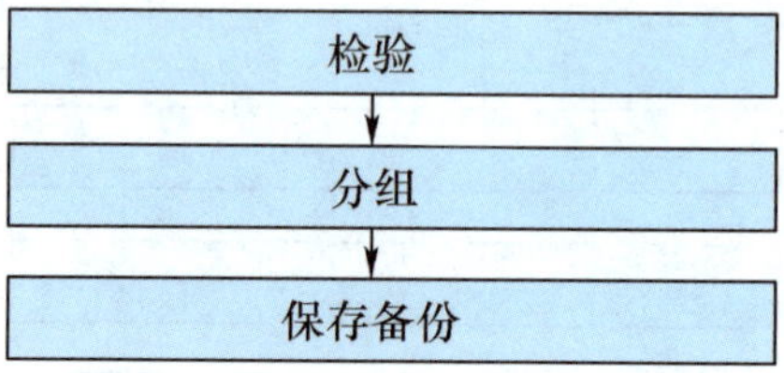

具体操作如下：

（1）检验。就是检验、验证各种数字资料是否完整和正确。

数字资料的完整性检查主要包括两个方面的内容：一是检查应该调查的单位和每个单位应该填报的表格是否齐全，有没有遗漏单位或遗漏表格的现象；二是检查每张调查表格的答案是否完整，有没有缺报的指标或漏填的其他内容。

数字资料的正确性检验，就是看资料的内容是否符合实际和计算是否正确。数字资料的正确性检验一般采用三种方法：一是经验判断，就是根据已有经验来判断数字资料是否真实和正确；二是逻辑检验，就是从数字资料的逻辑关系中检验其是否正确和符合实际；三是计算审核，就是通过各种数字运算来审核各项数字有无差错。

通过检验发现的各种问题，或表格不齐，或答案不全，或数字不真，或计算错误等，都应及时查明原因，采取相应措施予以补充或更正。对一切无法补充或更正的数据，都应将整个调查表作为无效表格剔除不计，以免影响整个调查数据的准确性。

（2）分组。分组就是按照一定标志，把调查的数字资料划分为不同的组成部分。分组的目的在于，了解各组事物或现象的数量特征，考察总体中各组事物或现象的构成情况等。常用的分组方式有以下几种：

按质量标志分组，就是按事物的性质或类别分组。如按性别分为男人和女人；企业可按行业、规模、所有制性质分组。

按数量标志分组，就是按事物的发展规模、水平、速度、比例等数量特征分组，可以把不同发展规模、水平、速度、比例的事物区别开来，有利于从数量上准确地认识客观事物，有利于对不同数量特征事物之间的相互关系进行分析和研究。

按空间标志分组，就是按事物的地理位置、区域范围等空间特性分组。按空间标志分组，可以把不同地域的事物区别开来，有利于了解事物在空间上的分布状况，有利于对不同地理位置、区域范围内的事物进行对比研究。

按时间标志分组，就是按事物的持续性和先后顺序分组，如可按日、按月、按季、按年度分组。按时间标志分组，可把不同时点或时期上的事物区别开来，有利于认识事物在不同时点或时期的发展状况，有利于揭示事物不断运动、变化、发展的规律。

（3）保存备份。将整理好的数据资料安全地保存并进行备份，可以在计算机中备份不同硬盘，对于一些特别重要的数据，最好保留打印结果的备份资料。

[工作要点]

■审查资料是整个工作的重点。不管是文字资料的整理，还是数据资料的分类都是以资料的审查为前提的，因此，助理职业指导师要严格按照这些资料的审查要求仔细进行，以保障所存资料的质量。

■资料的保存与管理是另一项重要工作，资料的存放和管理都要为资料的有效利用服务。

[注意事项]

■市场供求信息的资料是时刻变化的，因此资料的整理工作也要适时进行。

[相关知识]

■整理资料的原则：

（1）真实性。整理所得的资料必须是确实发生过的客观事实，而不是弄虚作假、主管杜撰的情况。如果整理出来的资料不真实，则比没有调查资料还要危险。因此，真实性是整理资料最根本的要求。

（2）准确性。整理后的资料，事实要准确，特别是数据要准确，如果整理出来的事实含混不清，模棱两可，数据资料笼笼统统，相互矛盾，那么，就不可能做出科学的结论。当然，对准确性的要求应从实际出发，以能说明问题为原则，而不是越精确越好。

（3）完整性。整理反映某一社会现象的资料，应尽可能全面、完整，以便真实反映调查对象的全貌，如果资料残缺不全，就可能犯以缺盖全的错误，甚至失去研究的价值。

（4）统一性。整理出来的资料，对于各个调查指标要有统一的解释；对调查指标的各项数值，其计算方法、计量单位也要统一。如果调查指标的解释不统一、计算公式或计量单位不统一，那么，调查资料就失去了统计价值，就无法进行比较研究。

（5）简明性。整理所得的资料，要尽可能简单、明确，并使它系统化、条理化。以集中的方式反映调查对象总体的情况。如果整理后的资料仍然臃肿、庞杂，使人难以形成完整的概念，那么，就会给以后的研究工作增加许多困难。

（6）新颖性。在整理资料时，要尽可能从新的角度来审视资料、组合资料，尽量避免按照陈旧的思路考虑问题，更不能简单重复别人的老路。

[小结]

通过本单元的学习，助理职业指导师应该能够掌握整理供求信息的方法，能够对文字资料和数据资料进行有效分类和整理。

2 能够按照规定制作劳动力市场供求信息统计图表

统计图表是直观显示劳动力市场供求信息的方式，助理职业指导师熟悉统计图表的分类、结构和基本设计原则，能够制作常见的统计图表，将会大大提高职业指导的工作水平。

[总操作程序]

主要分四个步骤：确定统计表项目→选定统计表类型→构造统计表→设计统计图。

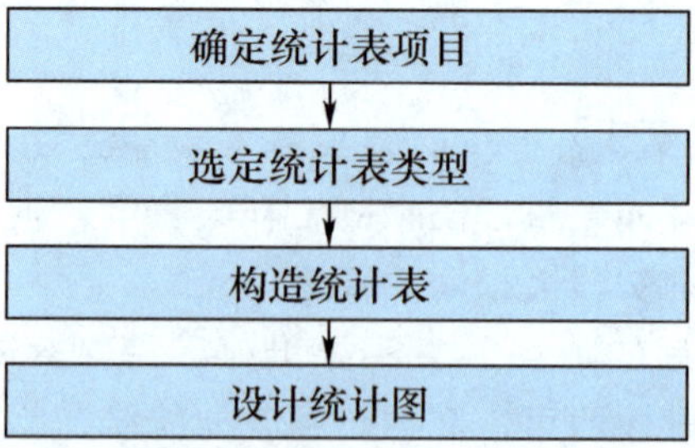

具体操作如下：

（1）确定统计表项目。根据要求确定统计表的所有项目构成，这是设计统计表的前提。所谓统计表，就是根据一定的目的，为了说明不同指标的相互关系，把相关的数据汇集到同一张表格中，并进行计算和汇总，以集中、系统地反映调查对象总体的数量情况。广义地讲，统计表包括统计调查中的调查表、汇总表、整理表、分析表以及公布统计资料所用的表式等。狭义地讲，统计表则仅仅指记载汇总结果和公布统计资料的表式。我们这里讲的统计表是就狭义而言的。

（2）选定统计表类型。按照主词的结构，统计表可分为简单表、分组表和复合表三种，应根据资料的实际情况选择相应的类型。

（3）构造统计表。构造统计表可以从形式和内容两个方面入手：

从形式上看，统计表的结构一般由标题、标目（横标目、纵标目）、数字、表注等要素构成。标题就是统计表的名称，简要地说明表中统计资料的内容，位于表的顶端，一般作居中安排。标目分横标目和纵标目。横标目，通常写在表的左边，用以说明总体各组或各单位的标志；纵标目，通常放在表的右上方，用以说明总体各组或各单位的指标。数字是统计表的主体，一般用绝对数、相对数或平均数等反映，说明总体各组或各单位有关指标的数量特征。表注是对统计表有关内容所做的说明。

从内容上看，统计表的结构包括主词和宾词两个部分。主词就是统计表所要说明的总体或是总体的各个组、各个单位的名称，通常排在表的左方。宾词就是统计表中用来说明主词的各种指标，通常排在表的右方。

（4）统计图的设计。统计图是表现数字资料的一种重要形式，具有形象、生动、直观、概括、活泼、醒目等特点，可使人一目了然，具有较大的吸引力和说服力。设计统计图最重要的是掌握统计图的类型。按照表现形式不同，统计图可分为几何图、象形图和统计地图三种类型。

［工作要点］

■能够根据现有数据资料选择图表的类型，并用计算机制作相应的图表。

■不管选择用何种图表形式，内容的准确性和可读性是最为重要的考虑指标。

［注意事项］

■制作图表的过程中，不要遗漏数据的内容，即图表的项目要全面。

■一定要根据资料选择适当的图表类型，不可追求新异而过于复杂，影响信息的表达。

[相关知识]

■统计表的设计。统计表的设计必须以科学、适用、简明为原则，同时应该注意形式的美观。

(1) 统计表内容的设计。主语与谓语的安排要通盘考虑，内容不要过分庞杂，最好一个表集中说明一个问题。如果需要反映的内容较多，可以分成多个表；总标题、栏、行标题应简明扼要，表标题的文字应简短概括，能确切说明表的内容、统计的时间和地区，栏、行的排列要表达统计资料的逻辑关系。纵横标目的概念要明确，排列要有一定的逻辑顺序，一般按先局部后全体的原则排列，但若局部项目较多，则可先列合计，后列各局部项目的名称。如果栏目较多，应给栏目编号，并说明其相互关系，跨页时，栏目应列出。表的上下两端画粗线，纵栏目之间以及横栏目与数字之间画细线，表的左右两端有开口式和封闭式两种。表的数字要填写整齐，对准位数。没有内容时应标出“——”标明，行列数字相同时，不应用“同上”或其他形式表示，而应用实际数字填写。表中的数值要注明计算单位，如全表只有一个统一的计算单位，可以排列在表的右上角，如各栏计算单位不同，可以排列在栏目内。如各行计量单位不同，则应增设“计量单位”栏，表注应简明扼要。数字行里不应混杂文字，凡需要说明的问题，一律写入表注。

(2) 统计表形式的设计。在使用计算机的条件下，横向宽度要符合打印机的型号。在手工整理的条件下，长宽应保持适当比例。统计表的纵栏为了便于引用表内数值可以编号；横行为了便于阅读，在填列数据时可以每隔五行空一行。资料来源、注释一般都写在表下。必要时可以附简要的说明。

■统计表的类型：

(1) 简单表。简单表是指主词未作分组的统计表。简单表中，主词只列举总体各单位的名称，或只按地域分布、时间顺序排列，表 20—1 中列举了 2011—2015 年某地区供求总体情况，供参考。

表 20—1　　2011—2015 年某地区供求总体情况表

年份	需求人数	求职人数	求人倍率
2011	31 501	53 221	0.59
2012	38 340	50 004	0.77
2013	42 028	46 875	0.90
2014	56 120	31 254	1.80
2015	59 879	29 456	2.03

（2）分组表。分组表是指主词按一个标志分组的统计表。分组表可以揭示不同类型的现象的数量特征，研究调查对象总体内部的结构，分析现象之间的相互关系，表 20—2 中列举了某地区按用人单位性质分组的需求人数，供参考。

表 20—2　　　某地区按用人单位性质分组的需求人数统计表

单位性质		需求人数	所占比例（%）
企业	国有企业	2 090	3. 93
	集体企业	2 633	4. 95
	私营企业	3 162	5. 95
	联营企业	533	1
	股份合作制企业	1 503	2. 83
	有限责任公司	24 878	46. 79
	股份有限公司	2 376	4. 47
	外商投资企业	10 338	19. 44
	港、澳、台投资企业	2 399	4. 51
	其他企业	3 260	6. 13
	合计	53 172	96. 74
事业		438	0. 8
机关		184	0. 33
其他		1 168	2. 13
合计		54 962	100

（3）复合表。复合表是指主词按两个或两个以上标志复合分组的统计表。复合表可以把多种标志结合起来，从不同角度反映社会现象的不同数量特征，见表 20—3。

表 20—3　　　某地区按年龄分组的供求人数统计表

年龄	劳动力供求人数比较				
	需求人数	所占比例（%）	求职人数	所占比例（%）	求人倍率
16~24 岁	18 310	33. 31	19 428	51. 35	1. 05
25~34 岁	20 606	37. 49	12 451	32. 91	1. 76
35~44 岁	10 166	18. 49	4 559	12. 05	2. 33
45 岁以上	1 955	3. 56	1 397	3. 7	1. 5
无要求	3 925	7. 14	0	0	0. 00
合计	54 962	100	37 835	100	1. 45

■统计图的设计：

（1）首先要根据绘图的目的和资料本身的特性选取适合的图形。

（2）图示的内容要简明扼要，突出重点。图示的标题、数字单位以及文字说明等都应简明清晰，一目了然。

（3）图形的设计要科学、准确，必须依据准确的资料进行加工和计算，做到图示准确，数据分明，表现真实。

（4）绘制的图形要美观、大方、生动、鲜明，具有较大的吸引力和说服力。

■统计图的类型：

（1）几何图。几何图是利用点、线、面来表示统计资料的图形。它包括条形图（见图20—1）、曲线图（见图20—2）和平面图（见图20—3）等。

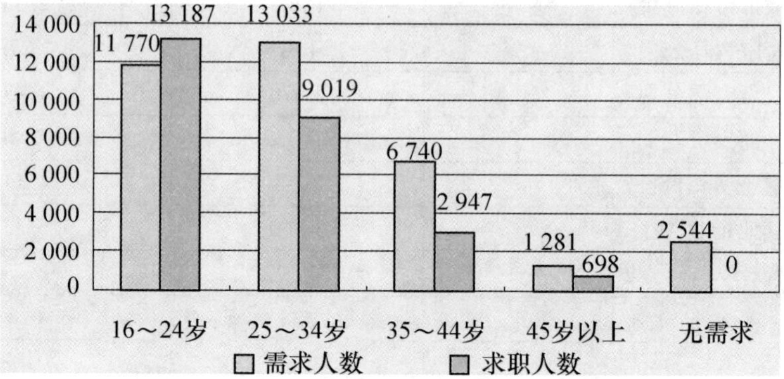

图20—1 按年龄分组的供求人数（条形图）

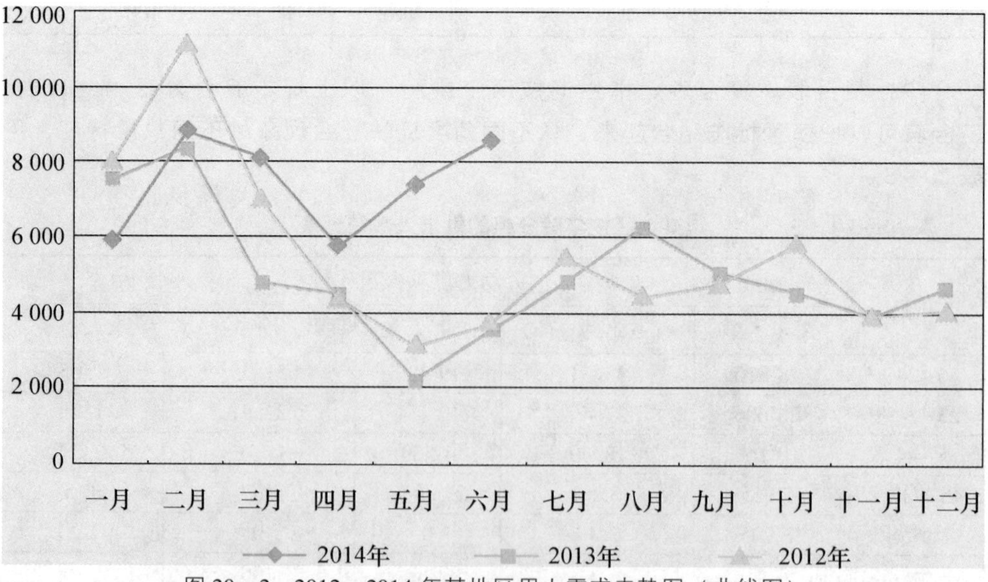

图20—2 2012—2014年某地区用人需求走势图（曲线图）

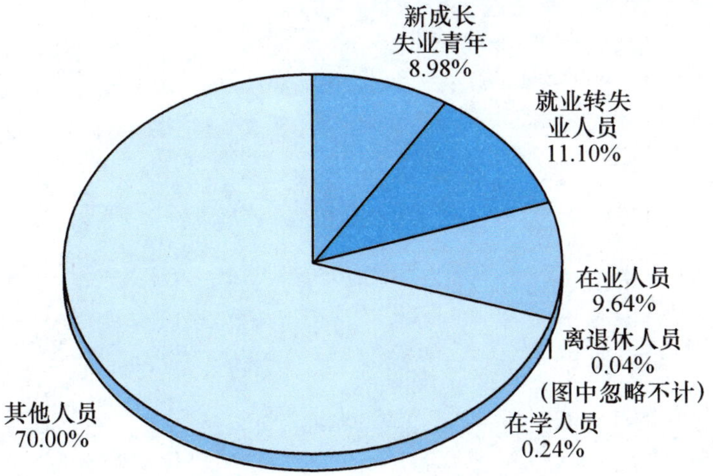

图 20—3　某地区按人员类别分组的求职人数（平面图）

（2）象形图。象形图是按照调查对象本身的实物形象来表示统计资料的图形，如图 20—4 所示。常用的象形图有长度象形图和单位象形图两种。

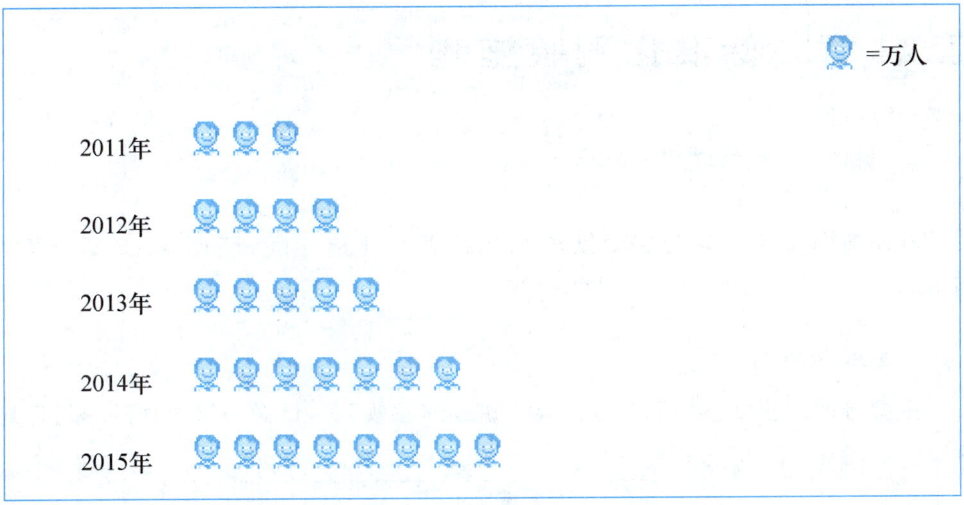

图 20—4　某地区用人单位需求情况图（象形图）

［小结］

通过本单元的学习，助理职业指导师应该能够按照相关规定选择和设计不同类型的图表来显示劳动力供求关系。

第八部分　职业素质测评

第21章　标准化测验施测

1　能够使用典型测验工具，进行测验的个别施测

利用典型测验工具开展个别施测是助理职业指导师一项非常重要的基本技能。

[总操作程序]

主要分四个步骤：熟悉测验工具→讲述作答规则→试做→被试作答→打印结果报告。

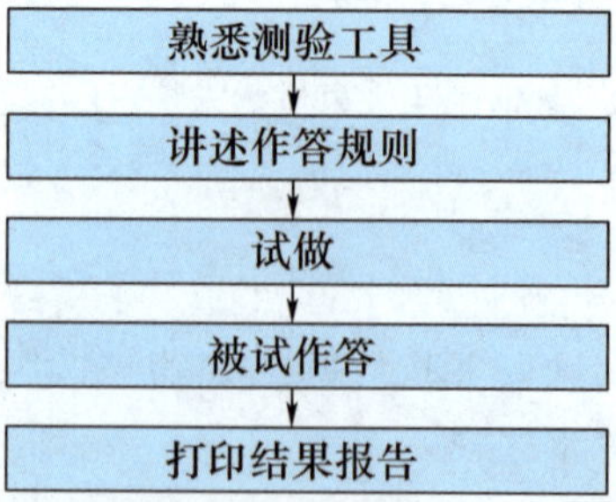

具体操作如下：

（1）熟悉测验工具。在使用前，要仔细阅读说明书，接受操作培训。

（2）讲述作答规则。被试作答之前，助理职业指导师要重点说明一些重要问题，如填写个人信息、测试过程所涉及的诸如职业的选择、各功能键的使用等环节。熟悉这些规则直接影响测试效果。

（3）试做。不论怎样讲解，最好的办法还是让被试亲自熟悉一遍。主试在被试试做的过程中要针对其存在的问题及时予以提醒和纠正，直到最终确认其已经掌握施测方法为止。

（4）被试作答。被试在作答过程中，主试要让被试独立作答，不要给任何暗示与建议。被试如有疑问，主试一般只提醒其自己解决，不做更多的解释，特别是不得随意解释题目的内容。当然，如果属于工具使用方面的问题，主试要迅速帮助解决。

（5）打印结果报告。被试作答完毕，助理职业指导师在核查无遗漏后，运用系统内部自带的打印程序将求职结果打印出来，以供后续就业指导之用。

［工作要点］

■熟练掌握典型测验工具的操作方法，严格遵循说明书中规定步骤进行测评。

■确认被试理解作答规则是测评过程中一项重要任务，助理职业指师要让被试说出他们对作答规则的理解，确定无误后再开始正式作答。

［注意事项］

■要有一个安静的测评环境，减少外界因素对被试的干扰。

■严防被试将测评题目带出测评室。

■天气温度等多种因素都可能影响测试效果，所以主试要特别注意请被试热身。

［相关知识］

■指导语。每个测验前都有“指导语”，主试应敦促被试阅读指导语。

■操作测验。软件系统支持机上操作测试，当确定实施的某一操作测验后，在机上可自动呈现相应的指导语，受试者可根据指导语自行进行操作测试。测试结果可以直接填入机上答题卡，也可填涂在纸制答题卡上。注意：主试在任何情况下实施操作测验，都需要事先准备操作测验器具，如在机上施测，还要对被试进行热身指导。

[小结]

通过本单元的学习，助理职业指导师应该能够使用典型测验工具，帮助被试实施测评，使用计算机打印报告测评结果。

2 能够对测验结果进行分析

经过上面的测试，即可进入数据分析过程，主要是对相关数据进行提取、补入、删除、浏览及打印测评报告等操作。

[总操作程序]

主要分四个步骤：识别主窗口→点击“测试报告”按钮→点击“查询”按钮→浏览和打印测试报告。

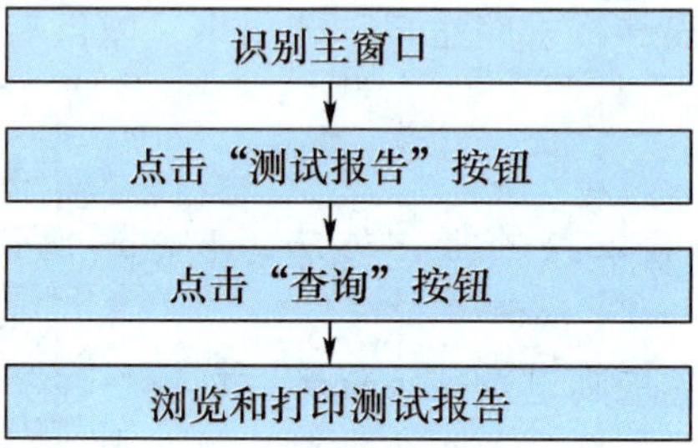

具体操作如下：

（1）识别主窗口（见图21—1）。窗口中包含“测试报告”“素质测试”“导出数据”“导入数据”“录入答题卡”“关于”以及“退出”等按钮。点击相应按钮可完成对应功能。

（2）点击“测试报告”按钮。进入测试报告信息管理查询界面，如图21—2所示。界面默认测试目的查询列表为“诊断”方式，如果要查看选拔数据分析，可在“测试目的查询条件”中选择“选拔”项。

（3）点击“查询”按钮。只要按需要输入查询条件，点击“查询”按钮，所得结果则列于明细表中。查询的条件可以按照测试者的姓名、证件号、所在单位、测试职业和测试时间来选择。选定某一条件后，点击“查询”按钮，相应的结果会列于明细表中。

（4）浏览和打印测评报告。选定某个人的信息，点击其前面的小方框，当出现“√”符号时，点击界面中的“查看”按钮，进入素质测评报告阅读界面。如果需要打印报告，点击“打印”按钮即可。

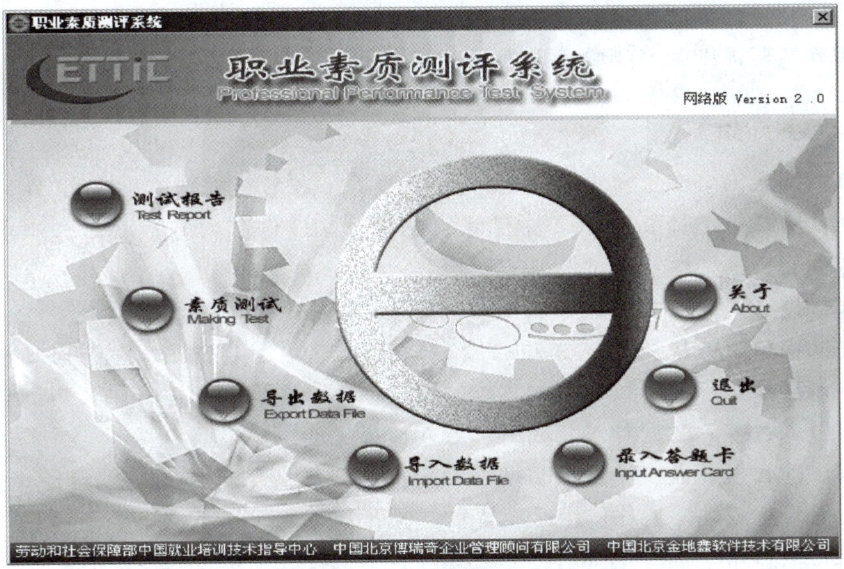

图 21—1 主窗口界面

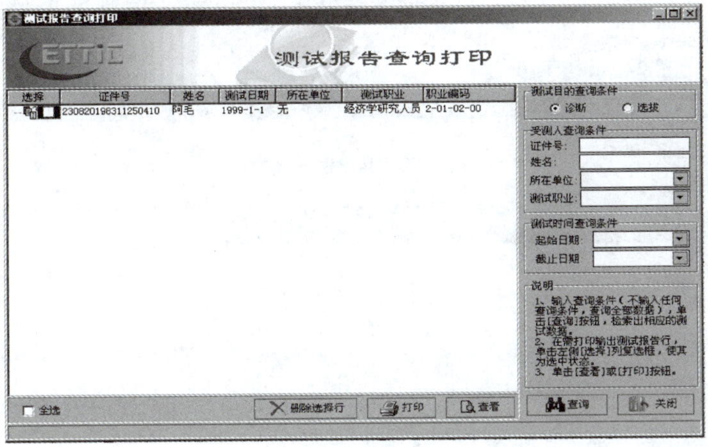

图 21—2 查询界面

[工作要点]

■根据适当的查询条件，准确调用相关数据，打印报告。

■在许多情况下，需要数据导出，操作人员应当掌握。

[注意事项]

■要注意被试对测试背景的选择，诊断与选拔两种测试背景选择，数据分析过程，以及打印报告的形式都不一样。

■除了要详细阅读测验手册外，还要多进行操作练习，直到掌握。

[**相关知识**]

■数据导出。在主窗口中点击“导出数据”按钮，弹出“浏览文件夹”窗口。在此窗口中选择要导出文件存储的位置及文件保存方式，点击“确定”按钮。数据导出主要用于测试信息的备份。

■数据导入。在主窗口中点击“导入数据”按钮，弹出“浏览文件夹”窗口。在此窗口中选择要导入文件的位置，点击“确定”按钮，系统自动检测数据文件是否操作，并将数据导入本机的数据库中。数据导入过程中，导入窗口中可显示导入进度。数据导入完成后，导入窗口关闭。

■删除数据。在查询结果明细表中选择要删除的数据，点击“删除选择行”按钮，即可完成删除操作。由于删除的数据不可恢复，请务必确认所选数据为要删除的，再点击“删除选择行”按钮。

■阅读报告。如在“选拔”情境下阅读，按选拔条件查询得到信息后，选定要查看的数据信息项，点击“查看”按钮，可查看选拔测试者的答题排名列表，如图 21—3 所示。

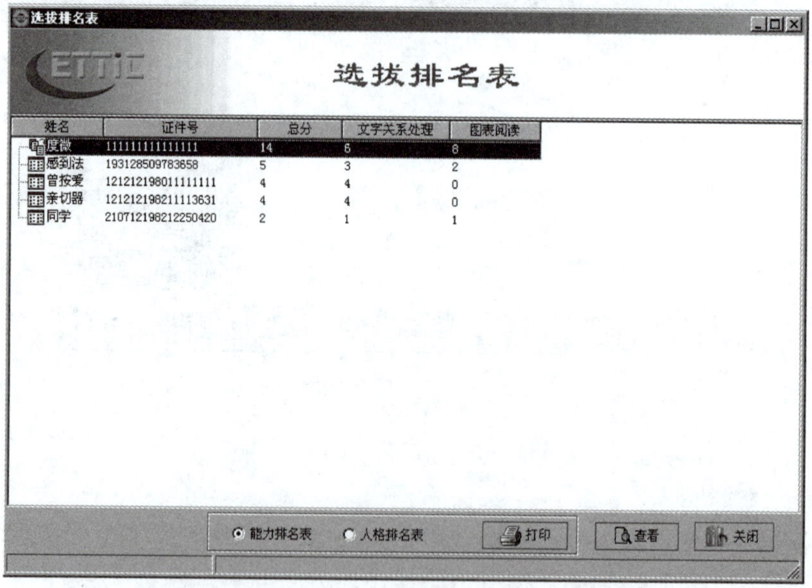

图 21—3 选拔排名界面

该列表分数排名以降序方式排列。列表内容按答题情况分为能力排名与人格排名两部分。点击“打印”按钮，可打印该排名表。如需选定某一个人的信息，点击“查看”按钮，可查阅该人的测试报告。

［**小结**］

通过本单元的学习，重点解决测试报告浏览、打印测试报告、导出数据、导入数据等操作。操作人员要熟悉相关功能键。

3 能够帮助学校建立学生就业素质档案

就业素质档案能够为学生的求职就业提供参考，助理职业指导师应该能够给学生建立个人自然状况表、个人就业资源分析、职业素质测评报告，帮助学校掌握学生的就业素质状况。

［**总操作程序**］

主要分四个步骤：宣传动员→建档准备→建立档案→存档备案。

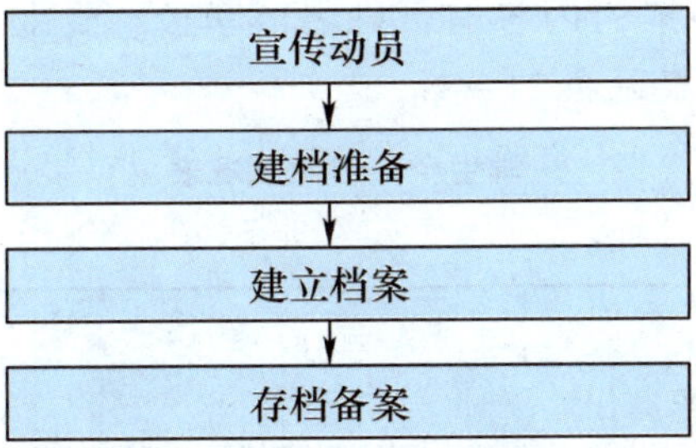

具体操作如下：

（1）宣传动员。建档前宣传动员的目的是让学生明白建立学生就业素质档案是为了让学校更清楚地了解学生情况，以便有针对性地对学生进行指导，最终帮助学生实现就业并设计良好的职业生涯发展规划。动员方式可以采取职业指导全校动员的大会传达，也可以由班主任提要求，班干部协助。

（2）建档准备。主要包括：按规定做好个人自然状况表、个人就业资源分析表等表格，确立档案的分类形式；对学生进行职业素质测评，测评后把测评报告集中在一起；指定1~3个班干部协助实施，以及确定建档时间等其他方面的准备。

（3）建立档案。需要建立的档案主要有：学生就业资源档案、学生个人自然状况表、职业素质测评报告。按照预先的时间设计集中为学生建立就业资源档案。

（4）存档备案。学生填写后，教师统一收回，按规定的分类形式，如班级、年级、院系形式存档。同时，将分档规则粘贴出来，以方便查阅。

［工作要点］

建立档案是为了帮助老师了解学生具体情况，以便有针对性地进行指导、帮助，所以，助理职业指导师要让学生明白，据实填写对自己最有益。

［注意事项］

遇有不配合的学生，应耐心、细致地做工作，可采取个别说服或请家长协助等方式。

建档工作应在学校有关部门指导下统一进行，建档后应由学校建立统一管理制度，既方便指导教师随时调整和补充，又便于管理。为防丢失，可考虑制作副本，班级留存一份，学校留存一份。

因涉及个人隐私，学校要建立保密机制。

［相关知识］

学生就业资料档案的内容有：姓名、学校、专业、班级、编号、建档时间。学生个人自然状况表见表21—1。

表21—1　　学生个人自然状况表

班级：　　　　专业：

姓名		性别		出生年月	
籍贯		家庭住址			
身份证号码			健康状况		
家庭联系电话		家庭经济状况		○良好○一般○较差	
父母姓名与职业	父：	父母工作单位		父：	
	母：			母：	
学习简历					
在校期间表现（由教师填写）					

[**小结**]

通过本单元的学习，助理职业指导师首先能够明确建立学生就业资源档案的目的是使老师能更好地掌握学生情况，以帮助他们更好地选择职业。同时，还能够掌握建立档案的步骤和工作要点，为学生建立规范的就业资源档案。

第 22 章　面试和其他测评工作

1　能够对一般求职者实施面试

面试以谈话和观察为主，是用人单位与求职者之间双向沟通的过程。助理职业指导师要安排劳动力供求双方的面试工作，为成功招聘打下良好基础。

[总操作程序]

主要分三个步骤：面试前的准备→预约面试→实施面试。

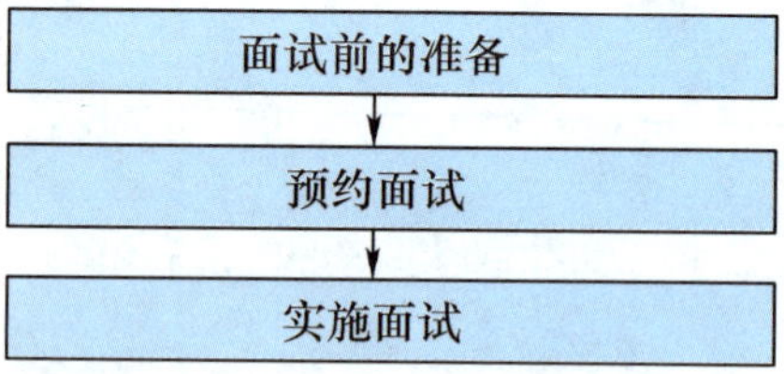

具体操作如下：

（1）面试前的准备。要想在短短的面试过程中，对应聘者进行一个全面、深入的素质评估，必须做好充分的准备工作，具体应包含以下内容：①了解职业和岗位要求，可以通过面谈法及关键事件法了解用人单位对招聘岗位的要求，即岗位自身要求、组织要求和组织长期发展要求。②按照用人单位既定的考察维度和标准，确定该岗位在各个维度上应当达到的级别，并据此制定一份面试评分表，选择适合的面试题目。③仔细阅读应聘者的应聘资料，做到心中有数。④选择合适的场地。

（2）预约面试。通知应聘者面试的时间、地点和注意事项。

（3）实施面试。实施面试的时间宜控制在半小时左右，向应聘者提问不能过于生硬，要注意形成双方的互动氛围，要学会把握不同应聘者在各个考察维度上的程度差异，并通过语言交流和神情观察了解对方的求职动机。

[工作要点]

■对一般求职者实施面试，要根据实际岗位需要来确定各个维度所需达到的级别，并分清各个维度的重要程度，对应聘人员应达到的维度标准要把握得当。

■在面试过程中，要适当控制双方的交谈氛围，不要向对方施加压力，以免应聘者对用人单位产生抵触情绪。

[注意事项]

■在面试过程中，要掌握好各个维度的评价标准，不要被对方的突出特质打动，产生“晕轮效应”，做出感性判断。

■在面试过程中，不仅要关注对方的口头语言，还要细心观察对方的体态语言。

[相关知识]

■选择面试问题的要点：

(1) 问题是基于职位职责的，即要从岗位的职责、职能、职权中引申出问题。

(2) 问题是系统选择的，目的是提示具体的资格条件，即能力、素质的水平。

(3) 能根据确定好的标准对应聘者的反应进行评价。

■面试的主要功能。面试可以考察应聘者的举止仪表、言语表达、综合分析、应变能力等多方面的表现，观察其在特定情境下的情绪反应和应对方略，做出量化分析和评估，并且结合个人简历等资料，提出对每个个体需着重考察的工作经验、求职动机、需求等方面的问题，全面把握应聘者的心态、职位适应性和素质。

(1) 区分功能。在一定程度上能够区分应聘者的相对差异，依据量化结果可作参照和比较。

(2) 评定功能。能在一定程度上评价、鉴别应聘者某些方面的能力、素质和水平是否达到了规定的某一标准。

(3) 预测功能。面试中的考察要素与职位要求一一对应，体现以用为考的原则，能在一定程度上预测应聘者的能力倾向和发展潜力，预测应聘者在未来岗位上的表现、成功的可能性和成就。

[小结]

通过本单元的学习，助理职业指导师应该能够掌握对一般人员实施面试的具体操作步骤和要点，理解选择面试题目的要点和面试的主要功能。

2 能够整理面试结果，并形成报告

在面试过程结束后，助理职业指导师要形成正式的面试评估报告，作为用人单位决策者的重要判断依据。

[总操作程序]

主要分四个步骤：记录面试过程→现场评估→整理评估结果→撰写评估报告。

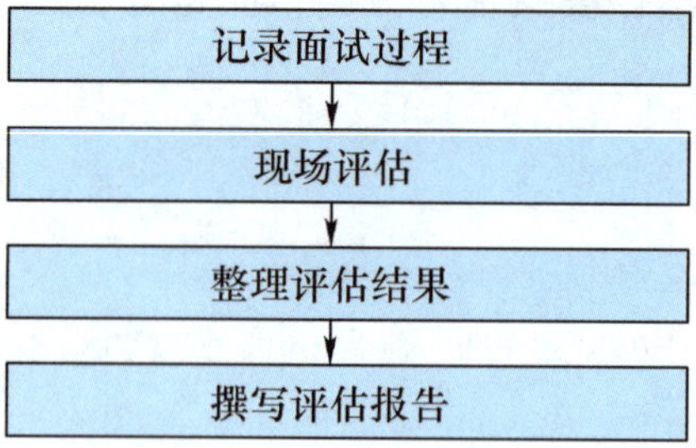

具体操作如下：

（1）记录面试过程。在面试过程中，可以采取速记或录音的方式，记录双方谈话过程，并记录对方在仪表、举止、身体语言等方面的突出特点。

（2）现场评估。在每位应聘者完成面试后，留下一段空闲时间，对其表现进行评分，并写出简明扼要的评语。

（3）整理面试结果。提取面试记录中的要点，对照各个测评维度，对现场评估进行调整和补充。如有多位考官对同一应聘者进行面试，则要将各自的评分加以平衡，综合出面试结果。

（4）撰写评估报告。根据面试资料整理结果，按照标准格式撰写应聘者的评估报告。首先综合应聘人员的个人背景资料及面试情况，对应聘者给予一个综合的评价，再针对该岗位所需测评的维度进行逐一解析，然后根据各个维度的重要程度，分析应聘者的优势和不足，提出是否需对应聘人员进行进一步考察的建议，并附上面试评估表。

[工作要点]

■面试记录的整理要围绕测评维度进行，以便在面试结果整理过程中能更加准确地对应聘者在各个维度上的级别差异做出判断。

■在形成评估报告时，要对应聘者进行横向比较，按照各个维度的重要程度进行排序，再最后确定考察建议。

[注意事项]

■要重点记录应聘者的特点，以帮助面试人员在撰写评估报告时能详细回忆面试过程中的具体情境。

■在撰写评估报告时，要综合考虑应聘者的背景资料，但不要为之所左右。

[相关知识]

■面试评分标准要点：

（1）考官评分的对象是应聘者回答问题中在各个测评维度上所体现的能力和水平，而不是应聘者在某个题目中回答的质量，因此，虽然不同的应聘者可能回答不同的问题，但在同一个维度上其得分具有可比性。

（2）面试评分要显示公平性和科学性，如有多位考官对同一应聘者进行面试，则要将各自的评分加以平衡，平衡考官评分误差，避免极端分值的影响。

[小结]

通过本单元的学习，助理职业指导师应该能够掌握整理面试结果及撰写面试报告的基本操作方法，理解面试评分标准的要点。

第九部分 职业设计

第 23 章 职业取向分析

1 能够澄清来访者职业取向需求，并判断其合理性

面对来访者关于职业取向方面的问题，助理职业指导师应该能够在听取来访者的咨询需求之后，帮助求职者澄清职业取向，并判断其合理性。

[总操作程序]

主要分四个步骤：了解来访者的职业设计要求→帮助来访者澄清职业取向→分析判断职业取向的合理性→整理结果。

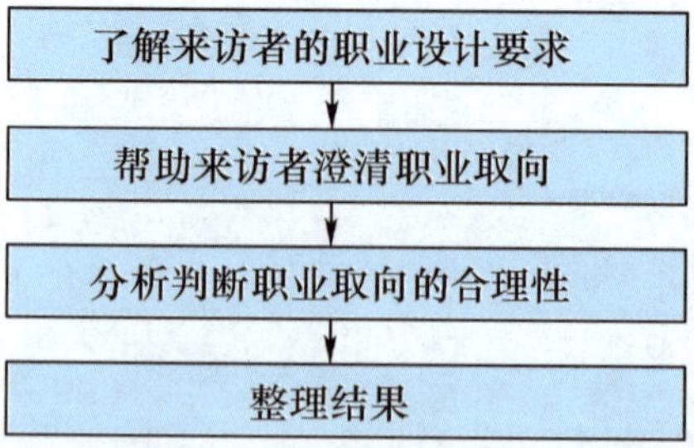

具体操作如下：

（1）了解来访者的职业设计要求。主要工作包括阅读职业指导员准备好的相关资料，倾听来访者的职业设计要求，对来访者的疑问作简单回答。

（2）帮助来访者澄清职业取向。通过与来访者的深入沟通，不仅帮助他们澄清职业价值观，而且让他们了解职业发展方向。

（3）分析判断职业取向的合理性。合理性的判断主要是通过对比来访者的基本条件与目标职业所需的基本条件来完成的，不仅让来访者看到职业取向可能的发展结果，更重要的是让他们分析自己达成目标的现实可行性，从而对自己的职业取向做出决定或进行适当调整。

（4）整理结果。将来访者的个人条件及其职业取向合理性进行整理，为进一步的职业设计工作提供支持，如有需要可以为其联系更高级别的职业指导师。

［工作要点］

■面谈时间的把握。为达到正确判断求职者自我职业取向合理性的目的，面谈时间不应太短，一般情况下控制在半小时左右。

■判断结果的要求。职业取向判断的结果要注重合理性，判断的依据要充分、准确，为此必须掌握最新的用人单位信息，了解职业对求职者的一般要求，熟悉通用或求职与就业频率较高的职业对求职者的特殊要求。

［注意事项］

■语言运用的技巧。为了解求职者某一方面的真实情况，应注重面谈语言的使用技巧。询问问题时要注意不要使用生硬的语言，帮助求职者分析问题要使用鼓励与肯定的语言。语言组织要注重循循善诱，引导求职者讲出真实的想法。

［相关知识］

为了帮助来访者分析其职业取向的合理性，助理职业指导师应该了解职业取向的基本要素、职业的从业要求以及影响个体职业取向的主要因素。

■个体职业取向的基本要素。主要包括个人条件和外界环境两个方面。个人条件包括个人志向、价值观、性格、兴趣、能力等；外界环境包括外部社会环境、组织环境、家庭环境以及人际关系等。其中，个人志向、价值观等决定个人择业的大方向，代表个人想做什么；个人能力、性格等代表个人择业的可能方向，代表个人适合做什么；外部环境代表个人可能遇到的职业机遇与挑战，代表个人可以做什么。

■职业的从业要求基本构成。包括职业道德、职业技能、人际交往能力、学习能力、融入工作环境能力等。用人单位一般首先看求职者的职业技能，拥有很好技能的人往往最先被用人单位看中，但是，随着对求职者了解的加深，职业道德、人际交往能力等综合素质就成了用人单位最看重的内容。另外，还要注意能够很快进入角色、融入企业的环境。

■影响个体职业取向的主要因素：

（1）家庭背景。由于家庭作为最基本的社会单元，对每个人的心理发展都产生重要的影响，因此，求职者职业心理发展具有很强的社会化特征，家庭环境的熏陶对其职业取向的形成具有十分明显的导向作用。大多数人从幼年起就在家庭环境中感受其父母的职业活动，随着年龄的增长，逐步形成自己对职业价值的认识，使得求职者在选择职业时不可避免地带有家庭教育的印迹。家庭因素对职业取向的影响主要体现在择业趋同性与协商性等方面，一般情况下，求职者对于家庭成员特别是长辈的职业比较熟悉，在职业选择上产生一定的趋同性影响；同时受家庭群体职业活动的影响，个人的择业决策或多或少产生于与家庭成员共同协商的基础上。

（2）社会舆论。社会舆论对求职者职业取向的影响主要体现在政府政策导向、传统文化、社会时尚等方面。政府就业政策的宣传是主导的影响因素，传统的就业观念和就业模式也往往制约个人的职业取向，而社会时尚职业则始终是求职者特别是青年人追求的目标。

（3）受教育程度。求职者自身接受教育的程度是影响其职业取向的重要因素。任何一种社会职业从客观上对从业人员都有知识、能力与技能等方面的要求，而求职者本人的知识、能力与技能水平的高低在很大程度上取决于其受教育程度。一般意义上，求职者学历层次越高，接受职业培训范围越广，其职业取向领域就越宽。

（4）职业需求。职业需求是一定时期内用人单位可提供的不同职业岗位对从业人员的总需求量，它是影响求职者职业取向的客观因素。职业需求越多、类别越广，求职者选择职业的余地就越大。职业需求对求职者职业取向具有导向性，在一定条件下，它可强化求职者的职业取向，或抑制求职者不切实际的职业取向，也可引导求职者产生新的职业取向。

[**小结**]

通过本单元的学习，助理职业指导师应该能够通过与来访者的谈话了解其职业取向，同时，能够帮助他们分析职业取向的合理性，确定适当的职业取向。

2 能够澄清来访者职业发展主要状况

在帮助来访者分析其职业取向的合理性之后，助理职业指导师还需要能够帮助其认清自己目前的职业发展主要状况，为进行更深入的职业生涯设计打好基础。

［总操作程序］

主要分四个步骤：全面了解来访者的工作状况→分析内在因素对来访者职业发展的影响→分析外在因素对来访者职业发展的影响→引导来访者澄清自己的职业发展状况。

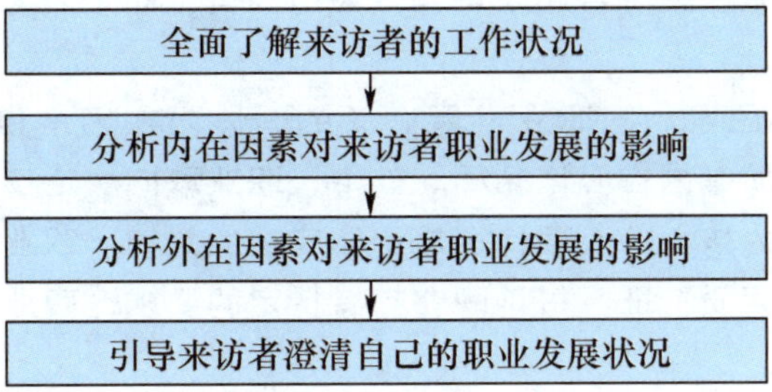

具体步骤如下：

(1) 全面了解来访者目前的工作状况。通过面谈或者电话交流初步了解来访者的工作状况，不仅包括职业的客观情况，如所属企业、行业、职位等，而且包括来访者对职业的认识。

(2) 分析内在因素对来访者职业发展的影响。在全面了解来访者之后，首先分析其内在因素对现在职业的影响，包括来访者的能力、个性特征等。

(3) 分析外在因素对来访者职业发展的影响。分析影响来访者发展的外部环境因素，需要查询求职者目前工作所属企业的状况，包括特点、发展前景、行业地位等；另外，还要查询目前所属行业的发展前景、在国家经济中的地位和所具有的一些特点等。

(4) 引导来访者澄清自己的职业发展状况。与来访者就职业发展的分析结果进行交流，让求职者清楚地了解到自己当前工作的发展状况。

［工作要点］

■在咨询过程中，要全面了解来访者目前的工作状况，必须收集到正反两个方面的内容。

■根据掌握职业发展信息，能够准确而全面地介绍环境因素可能对来访者的职业造成的影响，从而科学地预测其发展方向。

［注意事项］

■切勿盲目对来访者的工作状况下结论，必须全面掌握相关的信息。

■不要用自己的价值观来判断来访者职业状况的优劣。

■在分析个人内在因素对职业发展的影响时，一定要注意谈话的方式，考虑到来访者的自尊心。

［相关知识］

■影响个体职业发展的主要因素。职业发展处于社会整体发展之中，受到多方面因素影响，这些因素综合起来可以分为两大类，即个人内在因素和外界环境因素。

（1）个人内在因素。同职业发展有关的个体内在因素包括个人职业取向、心理特征、职业素质等内在心理品质。其中，职业取向决定了个体职业发展的目标，以能力和性情为核心的心理特征是个体成功的关键。职业素质是与从事的职业相关的个体综合素质特征，每种职业都有特定的要求，职业素质越高的人，职业成功的概率越大。

（2）外界环境因素。单位内因素是直接影响个体职业发展的因素，包括个体职位、企业的核心产品，以及企业的信誉品牌等。单位外因素，即广义的社会因素，其中影响最大的是社会的发展趋势和经济发展特点等。当然，单位内的小环境与社会的大环境之间有着相互的联系和影响。

［小结］

通过本单元的学习，助理职业指导师应该能够根据来访者的求职需要，帮助他们分析现有职业发展的状况，让他们对自己现有的职业有一个清楚全面的认识，以便更理智地做出职业发展的决策。

3 能够根据来访者职业取向查寻相关文献资料

助理职业指导师应该能够结合来访者的职业取向，检索相关的文献资料，帮助其清楚地了解该职业的发展现状和潜力。

［总操作程序］

主要分三个步骤：了解来访者的职业取向→检索与来访者职业取向有关的信息→简单整理调查的文献资料。

具体操作如下：

（1）具体了解来访者的职业取向。通过言语交谈清楚地了解来访者的职业取向，尽量具体到相关的行业、职业甚至单位名称。

（2）检索与来访者职业取向有关的信息。调查求职者职业取向的行业、职

了解来访者的职业取向
↓
检索与来访者职业取向有关的信息
↓
简单整理调查的文献资料

业、企业相关信息，包括了解目标行业的发展趋势、人力资源管理状况、目标求职职位在行业中的发展潜力以及人力资源素质要求，主要是帮助求职者了解目标职位的发展潜力，分析自己成功的可能性。

（3）简单整理调查的文献资料。从职业的现有发展状况和未来预期两个方面整理资料，以便于对求职者进行更深入的辅导。

[工作要点]

■指导来访者多渠道搜集信息，全面了解与自己职业取向有关的企业、行业状况。

■指导来访者充分利用网络优势了解相关的外部环境。

[注意事项]

■信息搜集工作是最烦琐的，要有耐心。

■文献资料整理要条理、全面，不仅包括正面的信息，也要包括反面的信息。

[相关知识]

■主要文献资料查询途径：

（1）学术期刊。

（2）专业职业咨询网站。

（3）查询《中国大学生就业》杂志及专门性人才招聘信息和职业发展测评杂志等。

（4）相关行业或企业的网站及研究报告。

■职业分类的基本依据、原则和方法：

（1）基本依据。职业分类的基本依据是工作性质的同一性。职业分类包括职业的划分与归类，按照工作性质的同一性进行职业分类，一方面是根据职业活动工作特征的相异程度进行职业划分，另一方面是根据职业活动工作特征的相同程度进行职业归类。

（2）原则和方法。任何一个国家的职业分类都是建立在一个分类结构体系之上的，针对体系中的每个层次，依据不同的原则和方法，才能实现总体结构的职业划分与归类。根据国际职业分类的通行做法，职业分类一般划分为大类、中类、小类和细类四个层次。大类层次的职业分类是依据工作性质的同一性，并考虑相应的能力水平进行的；中类层次的职业分类是在大类范围内，根据工作的任务与分工的同一性进行的；小类的职业分类是在中类的范围内，按照工作的环境、功能及其相互关系的同一性进行的；细类的职业分类即为职业的划分与归类，它是在小类的基础上，按照工作分析法，根据工艺技术、对象、操作流程和方法的同一性进行的。

［**小结**］

通过本单元的学习，助理职业指导师应该能够结合来访者的职业取向，检索相关的职业信息，以便更客观地分析职业取向的现实可行性。

第 24 章 培训项目设计

1 能够为培训机构短期培训课程设计提供建议

助理职业指导师为培训机构短期培训课程提供建议，目的是为培训机构设计或实施短期培训提供依据。

［**总操作程序**］

主要分五个步骤：总结求职者的培训需求→分析希望达到的培训效果→统计汇总培训对象的基本情况→调查分析培训实施的具体条件→培训项目建议。

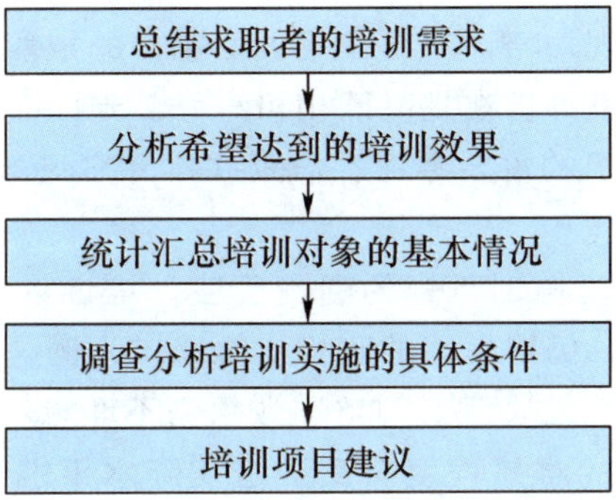

具体如下所述：

（1）总结求职者的培训需求。培训需求信息主要通过求职者的求职登记表进行收集，内容包括：求职者的职业期望；分析求职者实现求职期望所缺少的知识、技能；将上述信息统计汇总。

（2）分析希望达到的培训效果。通过培训需求信息，分析求职者培训后希望达到的学习效果。应明确说明培训后求职者（潜在的培训对象）将能够具体从事哪些操作活动，胜任哪些工作，通过哪些技能鉴定。

（3）统计汇总培训对象的基本情况。主要包括文化程度、工作经验、曾经参加过的培训、学习愿望、经济条件。

（4）调查分析培训实施的具体条件。主要包括统计可能的培训对象人数、适合的培训时间、适合的培训地点。

（5）培训项目建议。将上述信息汇总，写成培训项目建议书。培训项目建议书应包括上述各项信息。

[工作要点]

■收集的信息必须准确、可靠，必要时可以与求职者面谈进行核实。

■培训信息的主要来源是求职登记表。

[注意事项]

■提供培训需求信息要清晰具体，避免笼统、模糊。

■培训项目建议书应书写规范，依次说明培训需求信息、期望的学习效果、培训对象的基本情况、培训实施的具体条件。

[相关知识]

■影响培训效果的因素：

（1）培训目标的准确性。影响培训效果的首要因素是培训目标是否准确，培训目标不准确通常表现为培训对象在培训后掌握的技能或能力与实际工作需要不符合。例如，某单位举办旨在提高照相机维修工专门技术技能的培训，其培训目标应该是“识别照相机的主要零件、识别并排除常见故障等”，而不应是“掌握机械原理或机械制图”。

（2）培训课程内容对培训目标的覆盖程度。培训内容缺项通常导致培训对象所掌握的技能不完全，仍以上面的照相机维修工为例，如培训内容为“识别照相机的主要零件、识别常见故障”则培训效果仍不理想。

（3）培训课程内容的难易程度与受训者实际水平的适合程度。课程的难度过大或过于简单都不能获得较好的培训效果。

（4）培训方式对培训内容的适用性。

（5）培训师对培训课程特点的把握。如培训师不明确培训目标并不能把握课程特点，将影响培训中的学习效果。

（6）培训师资的质量。培训师资对所讲授的内容不精通或不具备培训技巧，不仅影响培训效果而且易造成培训对象对学习的抵触。

[小结]

通过本单元的学习，助理职业指导师应该掌握培训信息收集的主要内容，并能够撰写培训建议书。

2　能够收集培训项目设计的结果反馈信息

培训项目的结果反馈是评定培训效果的主要指标。助理职业指导师收集培训项目设计的结果反馈信息，目的是为培训效果评估提供依据。

[总操作程序]

主要分五个步骤：收集学员反馈信息→统计学员学习成绩→收集用人单位的反馈意见→收集培训后的就业信息→汇总报告。

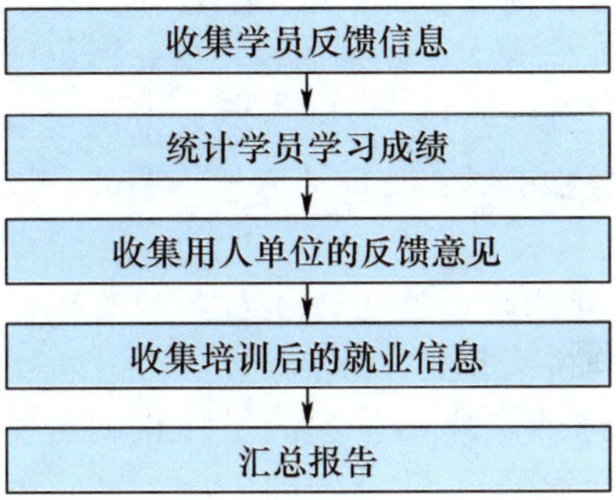

具体操作如下：

（1）收集学员反馈信息。主要内容包括：培训中所学内容是否实用，培训课程难易程度，培训教师授课水平，对培训设施是否满意，培训时间是否适宜，以及学员的其他意见或建议。可以利用问卷调查或面谈的方式收集信息。

（2）统计学员学习成绩。分别统计优、良、中、及格、不及格人数。

（3）收集用人单位的反馈意见。主要是了解用人单位对学员在培训中掌握的工作技能的评价意见，还有哪些技能需要培训，以及其他意见。

（4）收集培训后的就业信息。培训结束3个月后，收集学员的就业信息和工作信息，主要了解培训后学员的就业情况，以及培训的内容对其胜任工作是否有帮助。

（5）汇总结果。将上述信息汇总，写出相应的总结报告，以供参考。

[工作要点]

■培训反馈信息是改进培训质量的重要依据，收集信息时要保证实用性和全面性，对于没有把握的信息需要进一步核实。

■在收集信息过程中要注意发掘新的培训需求。

[注意事项]

■对学员反馈信息的收集要具体，避免笼统概括。

■注意收集培训后对就业和胜任工作确有帮助的信息，必要时总结典型案例。

［**相关知识**］

■培训效果评估的四个层次，即反应评估，学习评估，行为评估，结果评估。

（1）反应评估是第一层评估，即在课程结束时，了解学员对培训课程的主观感觉或满意程度。反应评估主要评估以下方面：内容、讲师、方法、材料、设施及行政管理。其主要评估方法：问卷调查、访谈、集体座谈。

（2）学习评估是第二层评估，是对学习效果的度量，即评估学员在知识、态度、技巧方面获得的进步。其主要评估方法：考试、模拟演示、角色扮演、演讲等。

（3）行为评估，即评估学员在工作中行为改变的程度。其主要评估方法：观察、上级评价、同级评价、客户评价。

（4）结果评估，即评估由培训引起的工作指标的变化，如生产率、质量、销售额、客户满意度等。

此外，四个层次的评估时间也有不同。反应评估在培训结束时进行，学习评估在培训中或培训后进行，行为评估通常在培训结束后几周或几个月后进行，结果评估在学员培训后产生了稳定的工作结果后进行，时间通常为几个月。

［**小结**］

通过本单元的学习，助理职业指导师应该掌握培训反馈信息的收集方法，并能够收集培训反馈信息。

第 25 章 岗位用人设计

1 能够澄清岗位用人的需求

岗位的用人需求是企业招聘员工的目的，也是招聘工作的起点。助理职业指导师帮助用人单位澄清岗位用人需求，可以为制定合理的岗位用人标准提供依据。

［**总操作程序**］

主要分三个步骤：收集岗位信息→分析岗位信息→总结核实用人需求。哪下图：

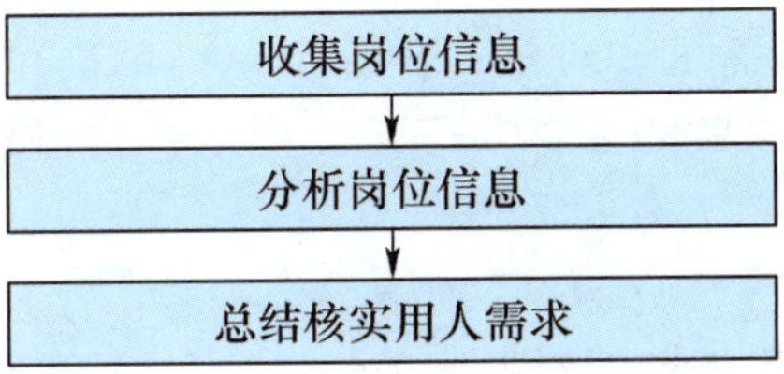

具体操作如下：

（1）收集岗位信息。包括：岗位的名称、岗位的主要职责和工作活动、使用的主要设备或工具、工作负荷、岗位的任职资格、工作条件和劳动环境与其他岗位之间的相互关系。

岗位信息的收集方式主要是查阅岗位描述，示例如下。如果没有岗位描述可以通过现场观察、问卷调查或面谈方式进行。

实验车间技术员的岗位描述（示例）

岗位：实验车间技术员　　岗位编号：01234

部门：技术开发部　　职务等级：8

薪酬：T08a

工作范围：从事实验工作，包括零部件的设计、加工、装配和改造。

工作职责：

1. 根据图纸，运用各种机械或安装设备，加工、改造产品。

2. 在生产经理领导下，协助工程师改进生产工艺。
3. 操作机床、使用焊枪并从事钳工的工作。
4. 阅读图纸或工艺流程图。
5. 指导本车间工人操作机器。

仪器、设备及工具：普通车床、冲压机、电锯、钻床、测量仪等。

任职条件：机械类技校或同等学历，具备3年以上机械操作经验，有较高的理解、判断能力，能够阅读图纸和工艺文件，能熟练完成实验操作，身体健康。

（2）岗位信息分析。通过分析上述信息，总结岗位用人需求，主要内容包括：岗位所属的职业，岗位的基本工作性质，岗位用人所需要的知识、操作技能、性格特征，岗位用人所需要的身体条件，岗位用人所需要具备的职业资格，岗位从业者的职业发展空间。

（3）总结核实用人需求。对第二步骤中总结的岗位用人信息进行核实后，总结为岗位用人需求。核实的主要方式是征求该岗位直接上级的意见。

[工作要点]

■澄清岗位的主要责任，即对哪些工作活动和结果负责。明确责任是清晰划分工作内容的基础，也是了解岗位用人需求的关键。

■澄清岗位的用人需求，实质是根据工作的具体内容，确定从事工作的个体需要具备的基本素质。这是分析岗位培训需求的主要目的。

■实施岗位用人需求分析的关键是掌握有关岗位设置的相关知识。

[注意事项]

■实际操作中，可能存在岗位包含工作比较复杂的情况，此时应详细了解岗位包含的所有工作内容，分清主次，避免遗漏。

■澄清岗位需求应从事实出发，避免主观臆断。

[相关知识]

■岗位设置。主要对工作岗位的以下内容进行界定：

（1）岗位工作任务的性质、内容和程序。完成各项任务所需要的时间以及占工作日制度时间的百分比。

（2）岗位的名称、工作地点，担任本岗位职工的职称、职务、年龄、工龄、技术等级、工资等级等。

（3）本岗位的责任、权限。

（4）承担本岗位的资格及条件，担任本岗位工作所需要的体力。

（5）本岗位工作的危险性，本岗位的劳动强度、劳动空间、操作的自由度等。

（6）本岗位使用设备、工具的复杂程度。

（7）工作条件和劳动环境，如空气流速、温度与湿度、噪声、工作地照明、粉尘、有毒有害气体、雾滴，振动、热辐射等。

（8）本岗位与其他岗位的关系，如管辖、晋升、轮换等。

（9）其他需要补充说明的事项。

■岗位设置的原则：

（1）分工科学，有利于提高工作效率。

（2）工作内容应具有内在相关性。

（3）岗位责任与职权对等。

（4）工作量满负荷。

（5）工作内容丰富化。

（6）工作所需要的知识尽量单一，使招聘容易。

（7）主要工作内容容易量化评估和监督。

［**小结**］

通过本单元的学习，助理职业指导师应该掌握进行岗位需求调查的基本操作技能和岗位设置的相关知识，并开展实施岗位需求分析工作。

2 能够收集岗位用人设计的结果反馈信息

助理职业指导师收集岗位用人设计的结果反馈信息，目的是发现岗位用人设计中存在的问题，为改进岗位用人设计提供依据。

［**总操作程序**］

主要分三个步骤：收集岗位工作人员的意见→收集用人部门的意见→总结反馈信息。

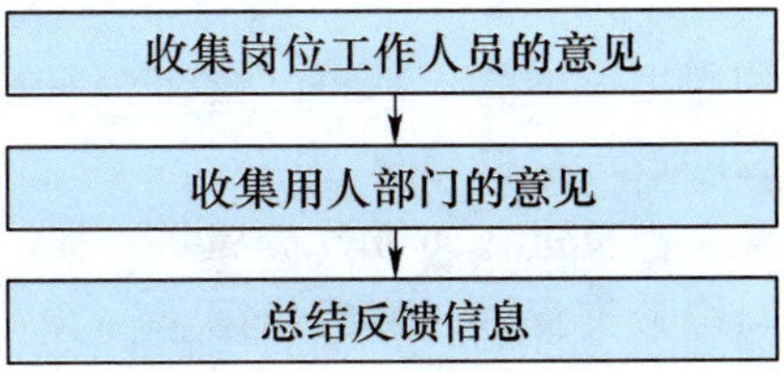

具体操作如下：

（1）收集岗位工作人员的意见。主要了解是否存在下列问题：①个人无法说清自己的工作职责；②同事之间协作不顺畅；③部分岗位工作负荷过大或不足；④对个人今后发展方向认识不清；⑤其他意见。调查方式可以采用问卷调查或者与岗位工作人员面谈。

（2）收集用人部门的意见。主要了解是否存在下列问题：①部分工作无人负责；②部分岗位工作负荷过大或不足；③部门内部的工作分工无法说清；④同事之间出现推诿、扯皮或决策困难；⑤难以确定用人标准；⑥难以决定培训课程内容；⑦其他类似问题。调查方式主要是与用人部门的主要负责人面谈。

（3）总结反馈信息。对收集到的信息进行整理汇总，写出岗位用人设计信息反馈报告。

[工作要点]

■有效实施岗位用人信息收集工作的基础是掌握岗位调查的基础知识。

■有时员工意见与部门管理者意见不统一，此时应认真核实情况，必要时通过查阅工作日志，现场观察等方式进行核实，或者征求专家的意见。

[注意事项]

■一般来说，访谈法能够比较深入地发掘有关工作的信息，但花费时间较多；而问卷调查法效率较高，但获得信息有限。调查时应根据实际人数情况确定调查方法。

■实际工作中常采用两种方法相结合的方式进行调查，如采用问卷调查法了解工作信息后，如对调查结果存在疑问，可以通过访谈被调查岗位的上级主管来核实信息。

■使用问卷调查法时，要考虑被调查者的文化程度因素。

[相关知识]

■岗位调查的含义。岗位调查是以工作岗位为对象，采用科学的调查方法，收集各种与岗位有关信息的过程。

■岗位调查的目的：

（1）收集各种有关的数据、资料，系统、全面、深入地对岗位进行描述。

（2）为改进工作岗位的设计提供信息。

（3）为制定各种人事文件及进行岗位分析提供资料。

（4）为岗位评价与岗位分类提供必要的依据。

■岗位调查的方式：

（1）面谈。面谈方式是指调查人直接约见职工，调查了解其所在岗位的有关情况。通过面谈不仅可以掌握现场观察或书面调查所不能获得的情报和资料，而且还能进一步证明现有资料的真实性和可靠性。

（2）现场观测。现场观测是调查者直接到工作现场进行实地观察和测定的一种方式，主要有测时、工作日写实等。

（3）书面调查。书面调查方式主要利用调查表进行岗位调查。调查表是调查之前由专业人员设计编制的，要求被调查人接到调查表后按照调查项目一一认真填写。

■岗位调查表的设计与填写。为了搞好岗位调查，详细了解每一个岗位的工作内容、性质和特点，无论采用上述何种调查方式，均须事前编制岗位调查表。

（1）设计调查表。一般要求调查表所编列的调查项目和提出的问题应当为调查研究的目标和任务服务，并且与被调查者个人密切相关。①调查表中所列出的调查项目与问题，必须为调查的主题服务。设计调查表中的每一个问题应考虑该问题与主题的相关程度，对该问题进行分析研究的方式方法。②调查表设计的目的是取得资料，并根据这些资料进行深入的研究、探索，如果调查表所列调查项目和问题与被调查者无关，就达不到调查的目的。③要取得满意的调查结果，一是要考虑对不同对象设计不同的调查表，二是要对不同的人采用不同的措辞和提问方式。

（2）设计调查表中回答问题的方式，主要有以下两种：

第一种是选择题方式，给出两个或更多的答案，供回答者选择，这种回答提问的方式属封闭式。采取这种方式的优点是：答案标准化，便于统计分析和比较研究；使回答者较为准确地答题，提高了问卷调查的回收率及答案的准确性和可靠性；便于计算机进行数据处理。它的缺点是：容易出现回答者盲目猜答的现象；问题的答案写得不详细、不全面，使回答者无法阐明自己的观点。

第二种是问答题方式，这种方式属于开放式。采用开放式的优点是：可获得难以预料的某些新信息；回答者可以畅所欲言，阐明并澄清自己的见解；对于一些难度较大的提问，可给回答者以自我表现的机会。它的缺点是：开放式答题旨在收集更多更广泛的信息，但无法避免掺杂某些不相关的信息；回答问题各有千秋，不可能千篇一律，故而难以进行对比或统计分析；对回答者来说，开放式答题需要较高的文化素养和较好的文字表达能力。

（3）填写调查表的一般要求。①按时间先后顺序，将本岗位的全部工作任务一一列出。②对每一事项详细加以说明，要对工作繁简、难易、责任大小等做出简单而具体的说明。③指出完成各工作事项所需要的时间，或完成各事项所需时间占总工作时间的百分比。④指出所完成工作责任的大小。⑤指出最困难、最重要的工作，并说明原因。⑥指出是否有监督、指挥、领导的责任。⑦指出本岗位与他岗位的关系（工作联系、人际关系等）。

［**小结**］

通过本单元的学习，助理职业指导师应该掌握岗位调查的基本知识，并能够收集岗位用人设计的基本信息。

第十部分　帮助实施

第 26 章　组织供需交流

1　能够管理安排小规模招聘洽谈活动

助理职业指导师要合理安排日常性的招聘活动，对招聘过程中出现的问题给予即时解决，并根据下一级职业指导人员提供的数据做出情况分析。

［**总操作程序**］

主要分四个步骤：安排招聘洽谈场地→了解用人单位和求职者的预约情况→现场跟踪服务→根据数据分析劳动力供求情况。

安排招聘洽谈场地
↓
了解用人单位和求职者的预约情况
↓
现场跟踪服务
↓
根据数据分析劳动力供求情况

具体操作如下：

（1）安排招聘洽谈场地。这个环节要求助理职业指导师能够根据用人单位的数量排列出合理的面试洽谈位置，并能指导职业指导员安排布置场地。

（2）了解用人单位与求职者的预约情况。这个环节要求助理职业指导师能够根据预约情况，分析出面试洽谈现场可能出现的问题。如根据用人单位应聘人员的数量合理安排面试场地，并注意人员流动等安全问题。

（3）现场跟踪服务。这个环节要求助理职业指导师能够在现场进行管理，对出现的问题给予及时处理，并对用人单位和求职提出的有关劳动保障方面的问题给予解答。

（4）根据数据分析劳动力供求情况。根据招聘洽谈会的成效状况做出职业介绍供求分析，并与其他不同情况下的招聘活动进行比较，分析研究，通过改进安排方式，提高洽谈活动的成效。

[工作要点]

■要能够根据面试洽谈的用人单位数量合理安排面试洽谈场地，在安排场地时要考虑到安全因素，特别是遇到应聘人数多的用人单位，要提前安排好工作人员维持秩序，在面试过程中要重点进行跟踪，对可能出现的问题做到预先估计。

■在了解预约情况时，要注意对一些容易招聘到的工种，即时予以停报，如司机、文秘、保洁员等，以免在面试现场出现不必要的混乱。

[注意事项]

■对一定时期内供求双方面试洽谈的成效状况，及其与其他时期相比较的变化和原因及时进行分析总结，以便采取相应的对策措施，提高组织面试洽谈的成效。

■要及时跟踪双方面试洽谈的结果，这是决定是否继续为其提供职业介绍服务的关键。

[相关知识]

■组织面试洽谈的程序。收集招聘信息→确定面试时间→相关匹配→布置面试场地→跟踪面试结果→延续招聘服务。

[小结]

通过本单元的学习，助理职业指导师应该能够组织安排小规模的招聘洽谈活动，解决招聘洽谈过程中业务、安全等方面的问题，并能及时分析、总结招聘活动情况，跟踪面试洽谈结果。

2 能够收集跨地区劳动力流动信息，寻求合作机会

助理职业指导师对跨地区劳动力流动就业的指导，目的是使劳动力的跨地区流动就业有组织、有目标的进行，避免盲目性，现实有序流动，以推动劳动力跨地区流动就业工作顺利开展。

［总操作程序］

主要分五个步骤：了解供求信息的收集方法→指导整理收集信息→对供求信息进行分类→发布信息→组织实施。

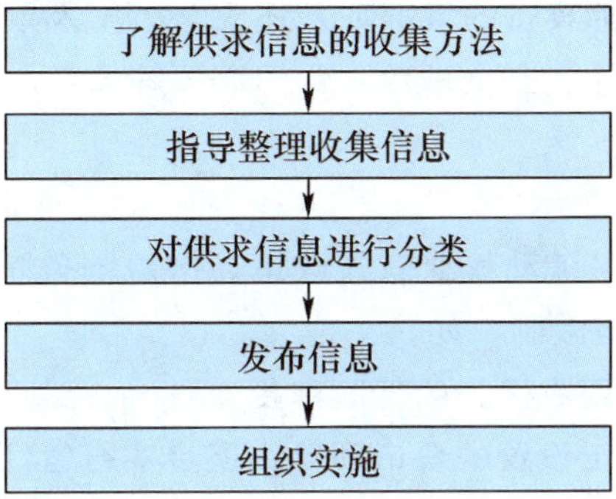

具体操作如下：

（1）了解供需信息的收集方法。不但要收集输入地区用人单位的需求信息，而且要收集输出地区劳动力供给信息。信息的收集工作不但要考虑信息的来源渠道，还要考虑信息采集的方法和手段。

（2）指导整理收集信息。供求信息整理主要是指对收集到的大量的、杂乱无章的、彼此相对立的或重复的信息进行分门别类、逻辑分析，通过“由此及彼、由表及里、去粗取精、去伪存真”的分析筛选，整理出有使用价值的信息。

（3）对供求信息进行分类。信息分类的目的是便于应用，主要可以归纳为劳动力需求和劳动力供给两个大类。劳动力需求信息包括用人单位性质、地址及联系方式、合同期限、用工数量、工种人数、工作时间、工资福利、社会保险、安全系数，是否是有害工种等；劳动力供给信息包括求职者的性别、年龄、学历、技能及技能等级、就业意向等。

（4）发布信息。就是对已经整理核定的信息向社会公开传播。发布信息的渠道一般有信息网络、报纸、刊物、电视、广播、广告栏、海报、传单等。

（5）组织实施。这是整个跨地区交流活动的主要环节，助理职业指导师根据供需双方的需求，通过召开供需洽谈会，指导用人单位与劳动者办理录用手续，签订劳动合同等。

［工作要点］

■对劳动力需求地区提供的用人信息，要通过不同渠道进行落实。要特别注意信息的真实性。对于用人单位的工作条件、生活条件、工作时间、工资待遇、社会保险等信息要了解清楚。

■根据需求地区提供的用人信息，主要考虑劳务输出地区劳动力供给情况，如劳动力供给数量、技能要求、性别要求等，以此判断是否能够满足输入方需要的劳动力资源供给。

■在上述两个条件都具备的情况下，还应考虑用人单位的劳动条件、工资待遇、工资形式、社会保险、安全系数、合同期限等内容。

［注意事项］

■了解农民工跨地区流动就业有关政策。按照国务院文件（国办发［2003］1号）规定，取消了一些限制，如：

（1）取消对企业使用农民工的行政审批。

（2）取消专为农民工设置的登记项目，逐步实行暂住证一证管理。

（3）对农民工从事工种、技术要求、健康条件和城镇一视同仁。

（4）不得对农民工强制遣送和随意拘留审查。

（5）依法保护女工的合法权益。

（6）严厉惩处各种污辱农民工人格、侵害农民工人身权利的违法行为。

■要注意对收集来的用工信息进行认真落实，杜绝虚假和过时用工信息。

■对收集的信息进行整理分类时，助理职业指导师要将杂乱无章的、彼此相对立的或重复的信息清除出去，筛选出有使用价值的信息。

■组织实施是整个跨地区交流活动的重要环节，助理职业指导师应对人员录取、合同签订记录存档，并对劳务人员行程路线、运输方式、安全教育、生活等环节进行周密安排。

■提醒外出务工人员应携带必备的用品，如生活用品、药品和有关证件等。

［相关知识］

■要熟练掌握信息收集、整理、分类、发布、组织实施的方法和理论。

■在劳务输出运送过程中，应非常了解不同交通工具的运送常识。

[小结]

通过本单元的学习，助理职业指导师应该了解跨地区劳动力流动信息收集的五个步骤，能够对跨地区的劳动力流动信息进行收集整理，并寻求招聘接待或劳务输出的合作机会。

3 能够收集和分析供需双方交流结果信息

助理职业指导师收集和分析劳动力供需双方交流结果信息，目的是掌握供需双方交流的成果，找出存在的问题和造成匹配成功率低的原因，为改进和提高劳动力供需双方交流提供依据。

[总操作程序]

主要分七个步骤：指定交流结果信息的收集分析人员→制定收集和分析结果信息的要求和标准→联系负责人→收集信息→整理信息→分析信息→反馈信息。

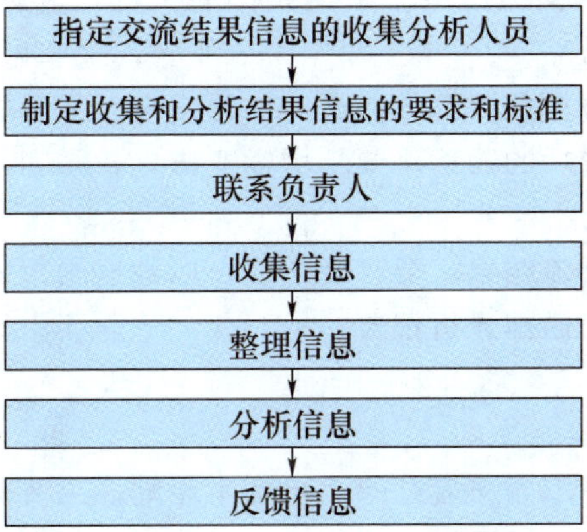

具体操作如下：

（1）指定交流结果信息的收集分析人员。在职业指导人员中，指定一名供求交流信息收集和分析能力较强的人员，并规定具体的工作任务。

（2）制定收集和分析结果信息的要求和标准。工作要求和标准主要包括：报送要及时、报送的内容要包括成功人员的总数和名册、空缺岗位的数量和名称、未成功人员数量及名单、成功率和满意率等。

（3）联系负责人。具体责任人通过电话，或者上门直接与负责供需双方交流的部门工作人员进行联系，为获得所需要的信息做准备。

（4）收集信息。按照工作要求和标准，通过报表或者询问的方式，了解供需双方交流的结果。

（5）整理信息。对收集到的供需双方交流的结果进行汇总及文字处理。

（6）分析信息。对收集并整理的供需双方交流结果进行具体、深入的分析，尤其是对推荐率、面试成功率、上岗后的稳定率三个指标进行分析，找出造成其低或高的原因。

（7）反馈信息。将整理和分析的结果通报给相关部门和负责人，以改进工作，提高供需双方交流的成功率。

［工作要点］

■负责收集和分析供需交流结果信息的人员要善于交流和沟通，做好与相关部门和负责人的联系工作。

■信息收集要全面，分析主要围绕推荐率、匹配成功率、上岗后稳定率、满意度等进行。

［注意事项］

■收集和分析供需交流结果，事先要向有关部门和人员进行解释，讲清目的，以获得支持和配合。

■要及时收集和分析供需双方的交流结果信息，不能相隔太长时间。

■分析交流匹配成功的因素，要从供需双方寻找原因，不能只收集和分析一方的因素。

■评价供需双方交流结果，要客观全面，以数据结果为依据。

■分析完毕要适时通报分析报告。

［相关知识］

■收集和分析供需双方交流结果信息基本原则。主要有目的性原则、客观性原则、科学性原则、实用性原则等。

■收集和分析供需双方交流结果信息的关键：

（1）制定工作要求和标准要符合实际。

（2）对大型的或者特殊服务群体的供需双方交流结果，通常要写出交流结果分析报告。

（3）供需双方对交流结果很不满意时，一定要做深度了解，全面分析，准确找出造成交流效果差的主要原因。

（4）收集和分析供需交流结果后，要把信息及时通报给相关的部门和人员，为他们改进服务提供参考。

［小结］

通过本单元的学习，助理职业指导师应该掌握收集和分析供需双方交流结果信息的操作过程和相关知识，并能够通过分析结果信息，发现和解决人才交流中的问题，以推动供求双方合理交流，不断提高交流的成功率。

第 27 章　就业援助政策引导帮助

1　能够指导劳务派遣机构实施劳务派遣帮助

劳务派遣机构的主要任务是帮助用人单位招聘需求的人员，助理职业指导师需要能够给劳务派遣机构提供相应的政策帮助，以规范劳务派遣机构的招聘派遣行为。

［**总操作程序**］

主要分五个步骤：接待洽谈→签订劳务派遣合同→招聘策划→招收录用并签订劳动合同→跟踪服务。

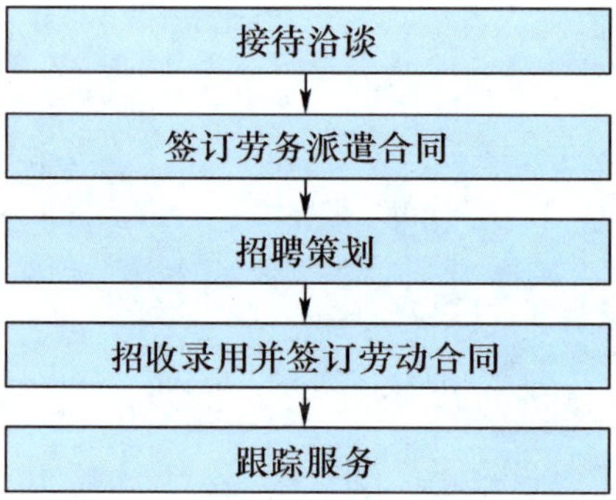

具体操作如下：

（1）接待洽谈。这是劳务派遣的主要环节，是签订劳务派遣合同的基础。其内容包括：介绍公司情况，审查用人资格，了解使用劳务数量、分类工种人数、用人要求、劳动和生活条件，咨询单位住址、工资形式与计发办法、福利、社会保险、工时制度、用人单位内部规章，协商劳务费用等。

（2）签订劳务派遣合同。劳务派遣合同是经济合同的一种。签订劳务派遣合同应根据我国合同法民法，涉及劳动者利益的条款应严格遵循劳动法、劳动合同法的有关规定。建立劳务派遣合作关系，应遵循互惠互利、平等自愿、协商一致的原则。劳务派遣合同的内容主要是明确双方的权利和义务。

（3）招聘策划。根据用工单位需要派遣人员应具备的素质、数量及不同工种的人数要求，进行认真分析研究，制定招工计划。选择招工地区，制定招工简章，发布招收广告，实施招收计划。

（4）招收录用并签订劳动合同。对应聘人员进行素质测评、面试、体检、录用。填写个人简历表和制作录取人员花名册，协助用人单位做好岗前培训工作和厂纪教育。签订劳动合同，建立职工档案，办理社会保险统筹登记手续。

（5）跟踪服务。劳务派遣单位应定期到用人单位进行跟踪服务。对劳务人员的工作、生活情况要及时进行回访，充分听取双方的意见，对存在的有关问题要及时进行协商解决。

[**工作要点**]

■对用人单位的背景要详细询问，尤其是对劳动条件、生活条件、工资福利、社会保险、工时制度、内部规章等要进行落实。

■劳务派遣合同的签订，应根据合同法、民法和劳动法的有关规定，明确双方的权利和义务。

[**注意事项**]

■签订的劳动合同内容要与派遣合同相一致。

■签订劳务派遣合同时，严格审核其中与劳动者利益有关的条款是否违反劳动法、劳动合同法的有关规定。

■用人单位内部规章制度，包括劳动纪律及员工手册，必须符合国家或当地政府的有关规定。

[**相关知识**]

■劳务派遣的三方关系。劳务派遣中的三方是指劳务派遣机构、用人单位和劳动者。劳务派遣机构是指具有独立法人资格，通过将员工派遣到使用劳务人员的用人单位工作的方式进行经营活动的劳务经营单位。派遣机构的主要任务是招聘员工但不实际使用员工；用人单位不具体招聘员工，但是实际使用员工；劳动者与派遣机构是劳动关系，而与用人单位是服务关系。三方的具体关系如图27—1所示。

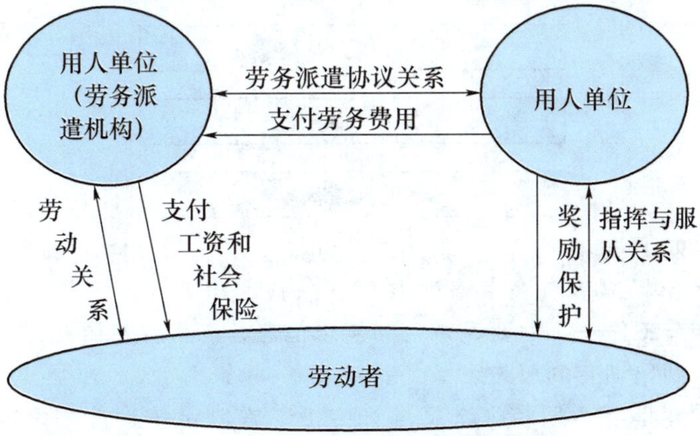

图27—1 劳务派遣三方关系图

■相关法规：

（1）民法。主要了解民事责任及争议处理。

（2）合同法。主要了解订立经济合同的规则。

（3）劳动合同法。主要了解劳务派遣三方的法律责任。

［小结］

通过本单元的学习，助理职业指导师应该能够了解劳务派遣中涉及的三方关系，以及规范的操作程序和合同签订，能够帮助派遣机构规范招聘和派遣行为。

2 能够提供定向培训政策引导帮助

助理职业指导师应为就业困难的失业人员提供适应其自身特点和市场需求的技能培训指导，既要提供相应的培训政策，还要对失业人员的思想观念、就业信心、实施培训、就业理念等进行全方位的指导。最终目的是，通过职业培训，增强其就业竞争能力，帮助其顺利实现就业。

［总操作程序］

主要分六个步骤：了解市场需求、确定培训方向→结合求职者素质特征选择培训专业→帮助制定培训计划→推荐培训机构→实施培训计划→帮助推荐就业。

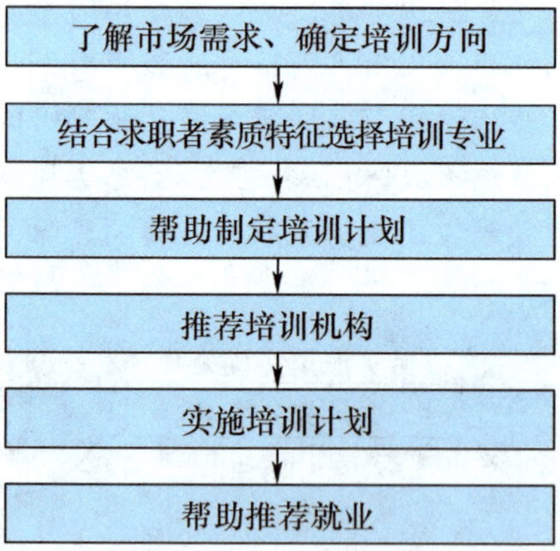

具体操作如下：

（1）了解市场需求、确定培训方向。在制定培训计划之前，要深入基层做好单位空岗调查工作，不但要调查空岗需求信息，而且要对待开发的工种和行业进行调查，做到培训有的放矢。

（2）结合求职者素质特征选择培训专业。在制定培训计划之前，要对求职者个人文化程度、技能基础、兴趣和爱好进行全面了解，并根据求职者的素质特点，帮助他们选择培训的专业方向。

（3）帮助制定培训计划。根据市场就业岗位需求和求职者个人的职业兴趣帮助制定培训计划。在制定培训计划时不但要考虑市场需求，而且要考虑求职者的文化、技能基础，培训计划要切实可行，切忌盲目追求时髦职业。

（4）推荐培训机构。推荐培训机构是实施定向培训的过程，首先要对培训机构的师资力量、培训质量进行调查，而后进行推荐。在推荐培训机构时，首先应推荐人力资源和社会保障部门公益性培训机构，因为符合条件的失业人员还可享受免费培训。对自谋职业者则可推荐其参加“创办你的企业（SYB）”的主题培训。

（5）实施培训计划。求职者实施培训期间，对于学习成绩好的应给予表扬鼓励；对于学习成绩差的要时时提供帮助，鼓励他们完成学业。

（6）帮助推荐就业。对于完成培训计划取得上岗资格证书者，应为其推荐用人单位。同时，对下岗失业人员自谋职业者应提供减免税（费）和小额贷款优惠政策的服务。

[工作要点]

■在制定培训计划之前，首先要了解劳动力供求双方的信息，不但要调查市场需求信息，而且要调查求职者个人兴趣及爱好等个人信息，做到有的放矢。

■根据市场就业岗位需求和求职者个人的职业兴趣帮助制定培训计划。

■要有针对性地推荐培训机构。首先要对培训机构的师资力量、培训质量进行调查，而后推荐培训机构。

■帮助完成培训计划，积极推荐用人单位，是为失业人员提供引导帮助最重要的环节。

[注意事项]

■帮助制定培训计划时，切忌盲目追求时髦职业。

■帮助制定培训计划时一定要取得求职者个人同意，培训的方向和内容都要由求职者自己做出决断，助理职业指导师只提供引导，而不是包办代替。

■对于取得上岗资格证书者，助理职业指导师应及时为其推荐用人单位，避免让他们感觉培训无用，从而对再就业失去信心。

[相关知识]

■创业与《创办你的企业（SYB）》。创业是当今社会发展的大趋势。鼓励创业，不仅有利于拓宽劳动者的就业门路，为社会创造更多的就业岗位，而且有利于实现劳动者的个人价值，在全社会形成创新、创业的氛围，推动社会经济持续、快速、健康发展。

国际劳工组织为了促进就业，支持发展中国家中小企业的发展，以创业促就业，实现就业的倍增效应，专门组织开发了《创办你的企业》（SYB）培训项目与教材。到目前为止该教材已经被翻译成40多种语言并在全世界80多个国家使用。

2000年，SYB培训项目引进中国，并根据中国的实际情况对教材进行了大量改编，形成了中国版的SYB培训教材。SYB教材的内容分为两个部分，将创业培训划分为十个步骤，步步相扣，逐渐深入，缺一不可。

第一步，告诉你什么是企业，创办企业所需的素质是什么，让你衡量自己是否适合创办企业。

第二步，告诉你如果你自己适合创办企业，那么，你想创办什么企业，你有没有自己的构思，如果没有，怎样去发现并开发你的企业构思。

第三步，告诉你在有了自己创办什么企业的构思后，要评估你的企业有无市场、潜在顾客、竞争对手，以及确定企业营销计划并预测销售量。

第四步，告诉你预测了你的产品销售量后，怎样组织人员去生产。你要明白怎样组织和安排你企业的人员。

第五步，告诉你办企业必须合法，要选择一种法律形态。介绍适合于创办微小企业的各种法律形态，教你选择出适合自己企业的一种法律形态。

第六步，告诉你企业要承担相关的法律责任，你的企业只有登记注册，才能受国家法律保护。你的企业要遵守国家的税法、企业法、劳动法、环境保护法等相关法律法规。

第七步，预测启动资金。告诉你办企业需要启动资金，启动资金包括投资（固定资产）和流动资金。你应该根据自己企业的规模，即前面预测的销售量计算出自己需要的启动资金数额。

第八步，制定利润计划。告诉你办企业必须盈利，这是企业成败的关键。要懂得什么是成本，怎样定价，怎样才能盈利，现金流量对维持企业正常运转与盈利的重要性，要能够制定自己企业的盈利计划和现金流量计划。

第九步，制定企业计划。通过前八步的模拟练习，你就可以把在各步中对自己企业的各项考虑和练习填入创业计划书中，形成自己的创业计划。通过制定创业计划，衡量自己的企业是否能够创办下去，同时，根据自己的创业计划，制定创办企业的行动计划，如申请贷款、申领营业执照等。

第十步，开办企业。告诉你在企业开办起来之后，还有哪些管理工作要做。

[小结]

通过本单元的学习，助理职业指导师应该掌握如何通过对失业人员的了解，并根据失业人员的个性特点制定可行性培训计划，在实施培训期间如何进行帮助，最终完成培训计划，实现再就业的全部过程。

3 能够提供创业培训与项目开发、开业指导、小额贷款、税费减免、跟踪扶持等“一条龙”政策引导帮助

引导失业人员创业不仅可为劳动力市场提供更多的劳动岗位，也是解决人才供求矛盾的有效手段，因此，助理职业指导师为求职者提供创业培训及其他“一条龙”政策的引导和帮助，可以使创业者少走弯路，以达到减少投资风险的目的。

［总操作程序］

主要分三个步骤：资料审查→填写表格→实施帮助。

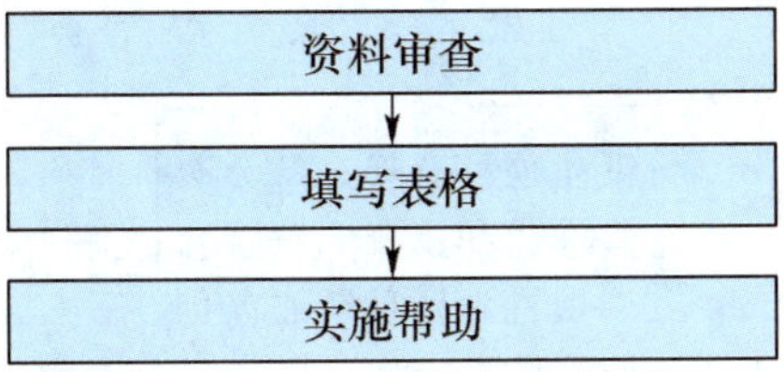

具体操作如下：

（1）资格审查。符合失业人员条件，并准备以下相关证件：本人身份证原件（或户口本原件）和复印件；《就业创业证》原件和复印件；相关培训证书或《职业资格证书》。详细审查这些证件，以确认来访者的真实身份。

（2）填写表格。结合来访者的具体情况，指导他们填写《创业培训人员申请表》或《SIYB 培训入学登记表》，办理相应的培训手续。

（3）实施帮助。结合来访者的培训效果，为其提供相应的就业创业优惠政策引导帮助。

［工作要点］

■创业培训是指针对有创业愿望和具备一定创业条件的失业人员开展自谋职业和开办小企业培训，对于没有创业想法，在参加创业意识课程培训后仍然没有创业项目的人员，可以继续推荐其参加职业技能培训学习。

■要衡量来访者完成《创业计划书》的能力，这是衡量学员创业培训合格与否的重要依据，任课教师或开业指导专家决定学员是否合格。

［注意事项］

■参加免费培训的人员必须持有《就业创业证》等相关手续。

■创业培训模式决定参加培训的时间。以原劳动保障部和国际劳工组织推荐的 SIYB 培训模式为例，《创办你的企业（SYB）》培训模块时间为 10 天，课时为 80 学时，可以采取灵活的培训形式授课。各地自创培训模式培训时间应不少于上述课时。

[相关知识]

■创业引导服务的工作流程，如图 27—2 所示。

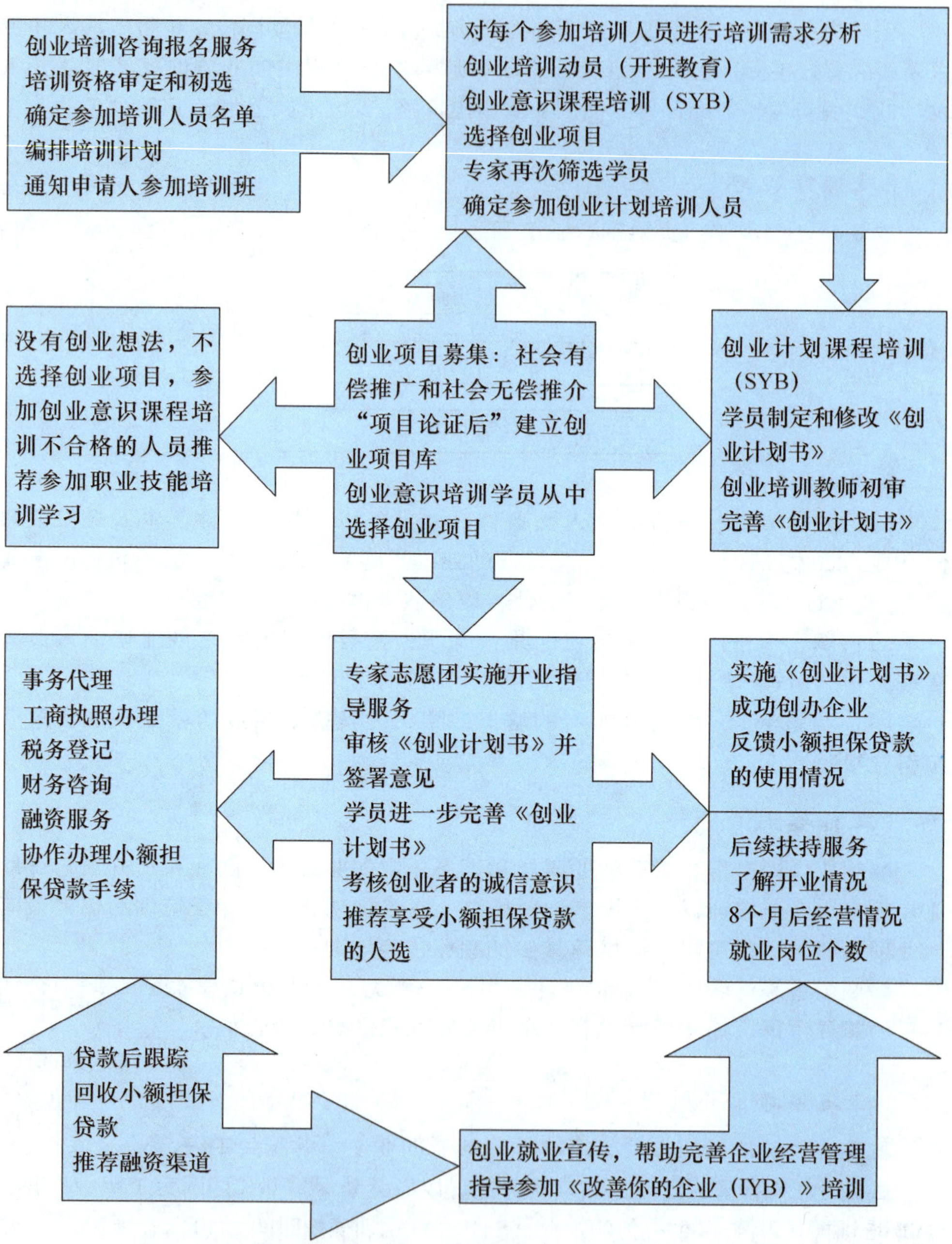

图 27—2 创业引导服务的工作流程

■政策要点：

（1）城镇就业转失业人员和国有企业下岗职工，提供免费再就业培训，所需经费主要由地方财政承担，中央财政对困难地区给予适当补助。

（2）普遍建立培训经费补贴与再就业效果直接挂钩的工作机制，根据培训合格率，培训后一定期限内的再就业率、创业成功率，对再就业培训定点机构进行经费补贴。

（3）探索试行核发再就业培训券或个人垫付培训经费、再就业后由财政予以报销等多种灵活的方式，提高培训经费的使用效果。

（4）全面开展创业培训工作，对有创业愿望和具备一定创业条件的下岗失业人员开展自谋职业和开办小企业培训，并为取得《创业合格证书》和完成《创业计划书》的学员，优先提供小额担保贷款。

（5）加强对创业学员的开业指导，并提供创业项目信息和后续咨询服务。要大力推广创业培训与项目开发、开业指导、小额贷款、税费减免、跟踪扶持等“一条龙”服务的工作模式，提高下岗失业人员创业成功率。

（6）再就业资金主要用于促进下岗失业人员再就业的社会保险补贴、小额担保贷款基金和从事微利项目的小额担保贷款贴息、再就业培训和职业介绍补贴、公益性岗位补贴、劳动力市场建设等项支出以及经省级财政、人力资源和社会保障部门共同批准的其他支出。

■“一条龙”扶持创业服务内容：一是免费提供创业项目，专家对创业项目进行指导帮助；二是免费提供创业培训（创业意识培训和创业计划培训）；三是专家实施开业指导咨询服务；四是具体创业事务代理代办服务；五是融资服务；六是后续跟踪服务。

■《创业计划书》的内容：

（1）企业概况。

（2）企业计划作者的个人情况。

（3）市场评估。

（4）市场营销计划。

（5）企业组织结构。

（6）固定资产。

（7）流动资金（月）。

（8）销售收入预测。

（9）销售和成本计划。

（10）现金流量计划。

■创办企业法律形态知识：

（1）个体工商户。成立条件简单，业主只要有相应的经营资金和经营场所，可以自行起名或字号。

(2) 个人独资企业。投资人是一个自然人，有合法的企业名称，有投资人申报的出资，有固定的生产经营场所和必要的生产经营条件和从业人员。

(3) 合伙企业。有两个以上的合伙人，并且都依法承担无限责任，有书面合伙协议，有合伙人的实际出资，有合伙企业的名称，有固定的生产经营场所和合伙经营的条件。

(4) 有限责任公司。股东符合法定人数，股东出资达到法定资本最低限额要求，由股东共同制定公司章程，有公司合法名称并建立符合有限责任公司要求的组织机构，有固定的生产经营场所和必要的生产经营条件。

(5) 股份合作制企业。无具体规定。

(6) 中外合作经营企业。申请设立合作企业，应当将中外合作者签订的协议、合同、章程等文件报请国务院商务主管部门或授权主管部门和地方政府批准，无具体人数和注册资本限制。

(7) 中外合资经营企业。申请设立合资企业，应当将中外合资者签订的协议、合同、章程等文件报请国务院商务主管部门或授权主管部门和地方政府批准，并符合有限责任公司的设立条件，要求外资投资比例不少于25%。

[**小结**]

通过本单元的学习，助理职业指导师应该能够掌握失业人员创业的基本政策、服务对象和申请参加创业培训所需材料和基本条件，熟悉创业培训的工作流程，了解失业人员创业服务的“一条龙”服务的工作模式，明确创业培训的基本内容，以及相关企业法律形态的有关知识内容。

4 能够提供职业技能鉴定政策引导帮助

职业技能鉴定政策引导帮助是就业援助政策的重要组成部分，通过职业技能鉴定政策的指导，来访者可以了解我国职业技能鉴定的作用和基本情况，并根据个人的具体情况，进一步接受有针对性的指导和服务。

[**总操作程序**]

主要分四个步骤：了解我国职业资格证书制度基本情况→了解职业技能鉴定具体政策情况→问题分析→实施帮助。

具体操作如下：

(1) 了解我国职业资格证书制度基本情况。主要包括：什么是职业资格证书，它有什么用途；国家推行职业资格证书制度的意义和作用；职业资格证书与

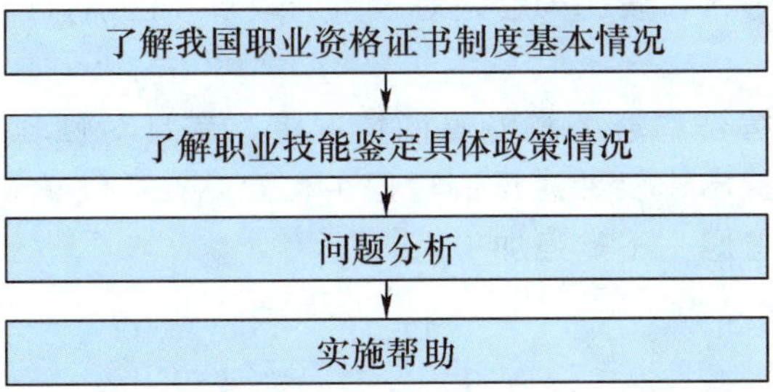

学历证书有何不同；推行国家职业资格证书制度的总体要求；实施职业资格证书制度的法律依据。

（2）了解职业技能鉴定具体政策情况。主要包括：职业技能鉴定要贯彻执行考培分离和属地管理的原则；职业技能鉴定的等级划分；必须参加职业技能鉴定的人员；申报资格条件；职业技能鉴定的主要内容；职业技能鉴定的主要方式；职业资格证书的管理与发放；职业技能鉴定信息查询。

（3）问题分析。在进行这方面指导过程中，咨询比较多的问题是，职业技能鉴定的技术等级与职称有什么不同，职业资格证书是否与工资待遇挂钩，从而决定参加职业技能鉴定的态度。这一现象，一方面说明人们在参加职业技能鉴定过程中，考虑问题更加理智，更加实际；另一方面，因为考虑问题太实际了，反而给自己的技能乃至职业发展带来负面影响。此时要引导来访者把眼光要放得远一些。

（4）实施帮助。有两层含义：一是在政策层面上的帮助，特别是大家比较关注的政策、难点问题，要理解深、理解透，给予很强的政策指导帮助；二是将现有政策和个人的实际情况紧密结合起来，提出意见和建议，并帮助具体实施，如对参加鉴定的职业（工种），与鉴定的程序与步骤，与鉴定机构的联系，鉴定的要求与安排等进行具体的帮助。

[工作要点]

■要全面了解和掌握国家有关职业资格证书制度、职业技能鉴定政策，以及职业技能鉴定具体工作的整体情况。

■将国家政策和地方具体规定有机结合起来，要注意国家政策和地方政策的一致性，若出现地方政策有悖于国家政策的现象，要按国家政策执行。

■深入调查研究，了解和掌握不同群体参加职业技能鉴定的情况，不断总结和摸索各个群体的不同特征和规律，做到心中有数。

[注意事项]

■由于政策是不断变化和调整的，因此要不断了解和掌握国家和地方的最新政策，以保证咨询者得到最准确、最及时的政策信息。

■进行政策指导，首要的问题是对政策的理解要正确，所以要深刻理解各项政策的内涵。

■要在充分理解咨询意图和背景的情况下，有针对性地实施政策引导和帮助，在实施帮助或提出建设性意见的过程中，要站在来访者的角度，换位思考，设身处地为来访者考虑，不能强加于人。

[相关知识]

■职业资格和职业资格证书制度。职业资格是对从事某一职业所必备的学识、技术和能力的基本要求。职业资格证书制度是劳动就业制度的一项重要内容，也是一种特殊形式的国家考试制度。其主要内容是指按照国家制定的职业技能标准或任职资格条件，通过政府认定的考核鉴定机构，对劳动者的技能水平或职业资格进行客观公正、科学规范的评价和鉴定，对合格者授予相应的国家职业资格证书的政策规定和实施办法。

（1）推行国家职业资格证书制度建设的总体要求。以落实就业准入政策为切入点，在推进职业技能鉴定社会化管理的进程中，坚持行政管理与技术支持相结合，坚持严格质量控制与进一步扩大职业技能鉴定的覆盖范围相结合，大力提升职业资格证书的社会认可程度，促进职业资格证书制度与就业制度、职业培训制度和企业劳动工资制度相互衔接，使职业资格证书制度在市场就业和引导劳动者素质提高中发挥重要作用。

（2）职业资格证书与用途。职业资格证书是表明劳动者具有从事某一职业所必备的学识和技能的证明。它是劳动者求职、任职、开业的资格凭证，是用人单位招聘、录用劳动者的主要依据，也是境外就业、对外劳务合作人员办理技能水平公证的有效证件。

（3）职业资格证书与学历证书。职业资格反映了劳动者为适应职业劳动需要而运用特定的知识、技术和技能的能力，与职业劳动的具体要求密切结合，更直接、更准确地反映了特定职业的实际工作标准和操作规范，以及劳动者从事该职业所达到的实际工作能力水平。

（4）职业资格证书制度的法律依据。《中华人民共和国劳动法》第八章第六十九条，《中华人民共和国教育法》第一章第八条都作了规定。

（5）考培分离的原则。职业技能鉴定与职业培训活动要实行分离，职业培训单位不能自己考核鉴定自己培训的人员。

（6）职业资格证书的等级划分。国家职业资格分为初级（五级）、中级（四级）、高级（三级）、技师（二级）、高级技师（一级）五个等级。

（7）办理职业资格证书。职业技能鉴定所（站）将考核合格人员名单报经当地职业技能鉴定中心审核，再报经同级人力资源和社会保障行政部门或行业部门人力资源工作机构批准后，由职业技能鉴定中心按照国家规定的证书编码方案和填写格式要求统一办理证书，加盖其专用印章，经同级人力资源和社会保障行政部门或行业部门人力资源工作机构验印后，由职业技能鉴定所（站）送交本人。

■职业技能鉴定信息获取：

（1）职业教育和职业培训学校在校生可以通过学校了解有关信息。

（2）社会上人员可以通过当地的人力资源和社会保障部门或职业技能鉴定机构查询本地区职业技能鉴定信息。

（3）准备参加由人力资源和社会保障部组织的全国统一职业（工种）鉴定的人员可以通过人力资源和社会保障部职业技能鉴定中心网站（www. osta. org. cn）查询有关信息，也可以向当地人力资源和社会保障部门查询。

■职业技能鉴定的实施。我国职业技能鉴定实行政府指导下的社会化管理体制，即按照国家法律，在人力资源和社会保障部门领导下，由职业技能鉴定指导中心组织实施，职业技能鉴定所（站）对劳动者技能水平实施鉴定。

（1）申请参加职业技能鉴定。可向当地职业技能鉴定指导中心提出申请，也可到授权的职业技能鉴定所（站）直接报名。申请人填写职业技能鉴定申请表，出示本人身份证、毕（结）业证书、职业资格证书或工作单位人力资源部门出具的工作年限证明。申请技师和高级技师资格的人员还须出具本人的技术成果和工作业绩证明，并提交本人的技术总结和论文资料等。

（2）职业技能鉴定的主要内容。包括职业技能、相关知识和职业道德三个方面。

（3）职业技能鉴定的方式。分为知识要求考试和操作技能考核两部分。知识要求考试一般采取笔试，操作技能考核一般采用现场操作加工典型工件、生产作业项目、模拟操作等方式进行。记分一般采取百分制。

■职业分类。《中华人民共和国职业分类大典》客观地反映国家经济、社会、科技等领域的发展和结构变化，为国民经济信息统计和人口普查提供依据。同时，它还是劳动力科学化、规范化管理的重要工具，是开展职业教育培训和就业服务、建立和完善国家职业资格证书制度的重要基础工作。新修订的 2015 版《大典》将我国社会职业归为 8 个大类，75 个中类，434 个小类，1481 个职业。与 1999 版大典相比，维持 8 个大类，增加 9 个中类和 21 个小类，减少 547 个职业，其中新增 347 个职业、取消 894 个职业。

［**小结**］

政策引导的关键，一是全面了解各项政策的基本内容，深刻理解政策的内涵；二是灵活运用政策。通过本单元的学习，助理职业指导师应该能够针对服务对象的不同需求，因人而异，因势利导，加以正确引导。

5 能够为非正规就业劳动组织提供申报服务

非正规就业是解决劳动力市场供求平衡的一种有效手段，职业介绍服务机构需要为非正规就业劳动组织提供申报服务，主要是提供相关咨询和办理相应的申报手续。

［**总操作程序**］

主要分七个步骤：了解申报情况→核实申报资料→填写申请书→收取申请书和相关材料→初步审核→复审→认定颁发证书。

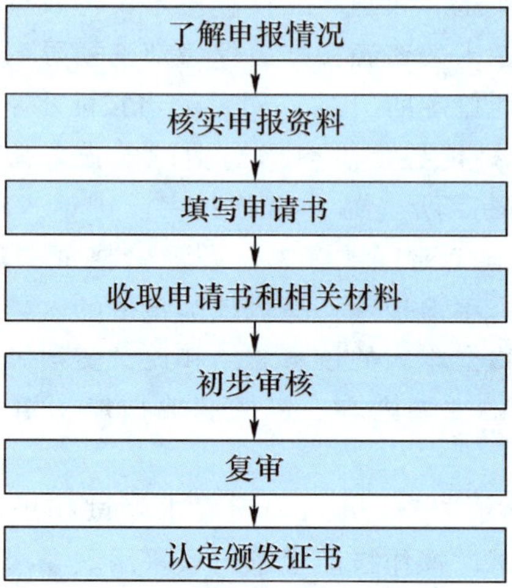

具体操作如下：

（1）了解申报情况。这个环节主要是了解申报人申报的从业项目、从业人员的数量、从业人员身份是否符合文件规定要求。

（2）核实申报材料。主要是核查其申报的从业项目是否属实，营业场所是否规范。

（3）填写申请书。在申报材料真实完备的前提下，要指导来访者填写《非正规就业劳动组织认定申请书》。对从业范围及市场前景分析、所需资金、场地及技术准备措施、从业人员的岗位设置及基本收入预测要认真仔细填写。

（4）收取申请书和相关材料。将填写完好的《非正规就业劳动组织认定申请书》和相关材料放于统一的文件袋内，以供审核。

（5）初步审核。受理申报的街道劳动保障事务所签署意见并加盖公章，送区级主管部门。

（6）复审。区级主管部门签署意见并加盖公章，并送市级主管部门。

（7）认定颁发证书。市级主管部门对上报的申报非正规就业劳动组织进行最后的审核，并颁布《非正规就业劳动组织证书》。

［工作要点］

■审核申报的从业项目。非正规就业的从业项目规定为："四保"（保洁、保绿、保养、保安）服务、家电维修、车辆管理、家政、配送及各类代办服务、养老托幼服务等。

■从业人员中失业人员数量必须占总人数的60%，而且必须是持有《就业创业证》的失业人员。

［注意事项］

■要仔细核查申报组织和申报的项目是否符合有关规定。

■指导申请应严格按照要求认真填写申请表。

［相关知识］

■非正规就业劳动组织的认定程序如图27—3（一）所示。

■申请非正规就业劳动组织应提供的相关材料如图27—3（二）所示。

［小结］

通过本单元的学习，助理职业指导师应该掌握申办非正规就业劳动组织规定的申报项目，申报程序，能够为申报人办理相应的服务。

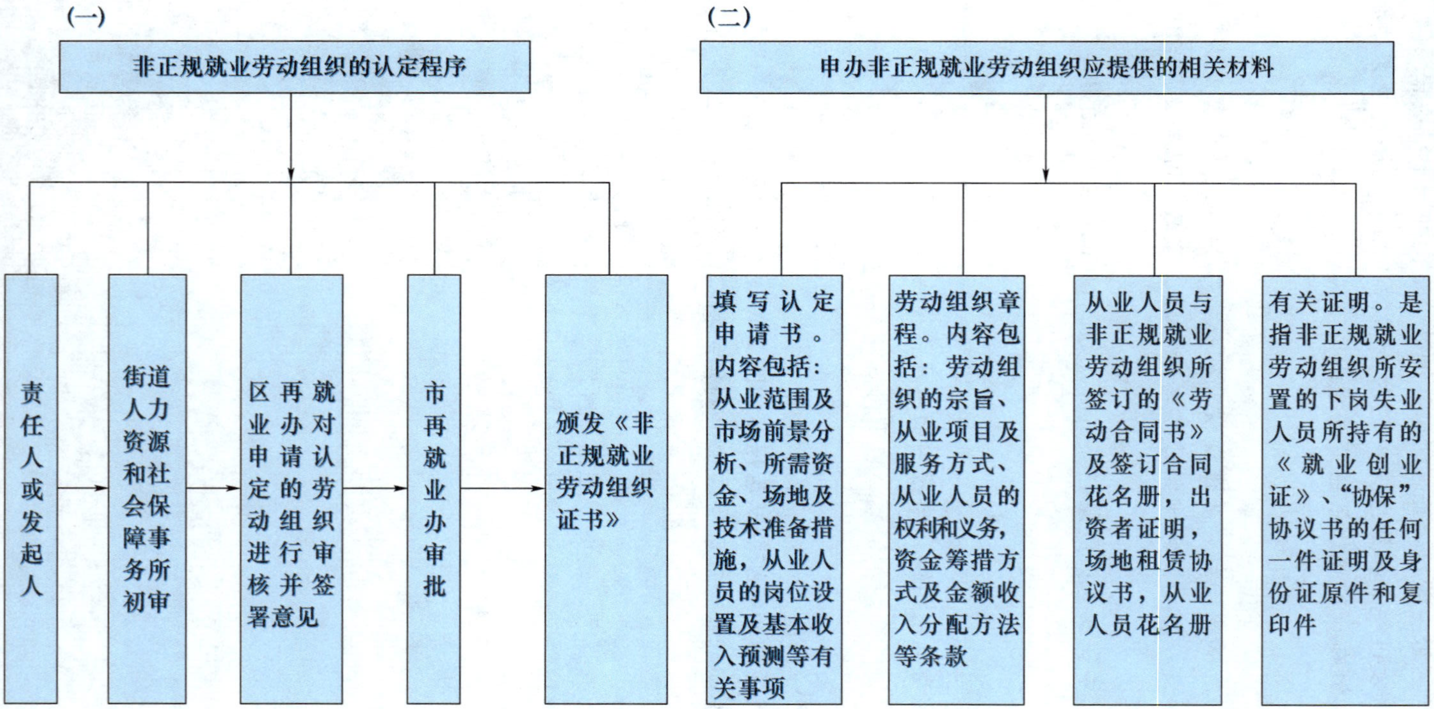

图 27—3 非正规就业组织认定程序及申办所需材料